社会保险精算管

——理论、模型与应

王晓军 著

教育部哲学社会科学研究重大项目成果

科学出版社

北京

内 容 简 介

本书围绕社会保险精算管理控制系统，在研究社会保险精算管理基本理论问题的基础上，分别对养老保险、医疗保险、工伤保险、失业保险、生育保险等各项保险的精算评估模型和方法进行研究，并基于我国的实际数据，运用模型，对养老保险的隐性债务和未来收支进行了预测分析，对我国建立社会保险精算管理系统具有重要的价值.

本书适合应用数学、经济管理、财政金融、社会保障等专业的大学生、研究生、教师及相关领域科研人员阅读参考.

图书在版编目(CIP)数据

社会保险精算管理：理论、模型与应用/王晓军著. —北京：科学出版社，2011

ISBN 978-7-03-022437-8

I. 社… II. 王… III. 社会保险-精算学 IV. F840.61

中国版本图书馆 CIP 数据核字(2008) 第 099001 号

责任编辑：陈玉琢／责任校对：钟　洋
责任印制：徐晓晨／封面设计：王　浩

科学出版社出版
北京东黄城根北街 16 号
邮政编码：100717
http://www.sciencep.com
北京凌奇印刷有限责任公司印刷
科学出版社发行　各地新华书店经销
*
2011 年 4 月第　一　版　开本: B5 (720 × 1000)
2021 年 7 月第三次印刷　印张: 10
字数: 191 000
定价: **68.00** 元
(如有印装质量问题，我社负责调换)

作者简介

王晓军，女，中国人民大学人口统计专业博士，统计学院教授、博士生导师，中国精算师协会正式会员．主要研究方向为：寿险精算、养老金、社会保险．多年来，对养老金和社会保障数据信息系统和精算系统作了大量的理论研究，先后主持和完成了霍英东教育基金会项目、国家自然科学基金项目、国家社科基金项目、教育部重点项目、财政部项目、保监会项目、地方政府项目等，完成和发表了系列研究报告和论著．

前　言

精算科学是保险和社会保险制度建立和运作的科学基础，精算管理作为风险管理的重要手段，在各国社会保险制度的建设和发展中发挥着极其重要作用，成为社会保险长期可持续发展的根本技术保证. 精算管理通过模拟制度在未来长期运行的财务状况，为制度的建立、改革及定期修订提供数量分析依据.

发达国家大多有健全的社会保险精算制度，美国自 1935 年颁布社会保障法案以来，从 1940 年就建立了社会保障精算报告制度，并在政府社会保障署下设有独立的精算部，承担全国社会保障精算评估工作. 英国从 1911 年颁布国家保险法案后，在 1912 年就任命了第一任首席精算师，1919 年成立了独立的政府精算署，专门负责全国社会保障和公共养老金的精算评估工作. 相比之下，我国的社会保障制度建设和行政管理比较粗放，精算制度的建设相对滞后，尽管国家相关部门已经意识到精算管理的重要性，但无论在理论上还是在实践中都没有建立起系统的精算评估制度.

基于多年的研究积累，本书将保险精算中管理控制系统的概念引入社会保险精算领域，构建了从风险评价到精算解决方案，再到精算模型选择，以及数据收集整理、精算假设、精算报告等各环节的有机联系. 同时考虑法律法规、社会、经济、人口、财政税收等环境因素对各环节的影响，进一步扩展了社会保险精算的概念，使精算评估上升到全面风险管理的高度.

围绕社会保险精算管理系统，本书在研究社会保险精算管理基本理论问题的基础上，分别对养老保险、医疗保险、工伤保险、失业保险、生育保险的基本状况、融资模式、收支项目、精算评估模型和方法等进行了系统的研究，同时，基于我国的实际数据，运用模型，对养老保险的隐性债务和未来收支进行了预测分析.

从结构上，本书可以分为基础理论、各项社会保险精算评估、精算报告三部分相互联系的内容. 在基础理论部分，首先探讨了社会保险精算管理的重要意义，分析了社会保险精算管理在社会保险制度建设和健康发展中的重要作用，指出了精算管理在维护社会保险可持续发展中的核心作用. 其次，对社会保险精算管理控制系统进行了整体描述. 分别对社会保险精算评估的目的和范围、评估所需数据和信息的收集与整理、精算评估模型的构建、精算假设的选择、评估结果的表述、敏感性分析和随机检验，以及评估对保险计划的影响等进行了分析. 最后，对社会保险在不同融资模式下收支平衡关系进行了讨论. 介绍了社会保险的几种融资模式及其特点，讨论了在现收现付制、完全基金制和部分基金制下收入与支出的平衡模式及其特点，介绍了在部分基金积累制度下的阶梯保费模式、准备金比率模式以及长期均衡保费模式的特点和应用等. 在各项社会保险精算评估部分, 分别对养老保险、医疗保险、工伤保险、失业和生育保险等精算管理的具体问题进行了研究, 讨论了各项保险精算评估的框架、收支预测模型、债务评估方法、数据来源和精算假设设定等问题, 并运用实际数据和精算模型, 对我国 31 个省市养老保险隐性债务水平进行了测算分析, 对未来 5 年养老保险的收支进行了预测分析. 在精算报告部分, 研究了社会保险精算报告制度. 在比较分析国际经验的基础上, 对比国际精算机构和社会保障机构的指导原则, 给出了社会保险精算报告制度的具体内容和格式等.

尽管在社会保险精算管理问题上, 仍有很多问题值得深入研究, 本书受实际数据限制, 未能展开对医疗、工伤、失业、生育等保险项目未来收支的测算, 这将会成为今后研究的目标. 但无论如何, 本书对社会保险精算管理的系统研究, 应该会对我国建立社会保险精算管理系统具有重要的参考价值. 本书可以作为各级政府部门建立社会保险精算系统的参考, 也可以作为大学金融保险专业、社会保障专业、风险管理与精算专业学生的教学参考资料.

王晓军
2010 年 9 月

目　录

第 1 章　总　　论

精算管理作为风险管理的重要手段，在各国社会保险制度的建设和发展中发挥着极其重要的作用，成为社会保险长期可持续发展的根本保证. 精算管理通过模拟保险制度在未来长期运行的财务状况，为制度的建立、改革及定期修订提供数量分析依据. 本章将介绍精算管理在保险和社会保险建立和运行中的重要地位，总结社会保险精算管理的主要国际经验，概述我国的发展现状，提出尽早建立我国社会保险精算管理系统的重要意义.

1.1　精算科学是保险和社会保险事业健康运行的基础

精算科学是保险和社会保险事业建立和健康运作的数理基础. 它以概率论和数理统计为基础，与人口、社会、经济有关科学相结合，对风险事件进行评价，对各种经济安全方案的未来财务收支和债务水平进行估计，使经济安全方案建立在稳定发展的财务基础上. 保险和社会保险的对象是风险，风险是未来发生损失事件的不确定性，风险无处不在、无时不有. 人们可能由于早逝、疾病、年老、伤残、失业等风险事件的发生而给正常生活带来损失，也可能由于灾害和意外事故的发生而使财产遭受损失，通过社会保险和商业保险，可以使这些风险造成的损失得以分散，使损失得以补偿.

保险和社会保险事业建立和健康运作的基础是对其运作成本进行科学估计. 无论是商业保险还是社会保险，其实际成本都由未来的实际给付和运作费用决定，在保险和社会保险对未来给付作出承诺时，其未来成本是未知的，但成本补偿方案却分别需要在商业保险产品设计阶段和社会保险制度设计阶段完成，这就需要运用精算技术对未来给付的发生频率和补偿水平作出评价，进而对未来的运营成本、财务收支、偿付能力等状况作出估计，以保证保险和社会保险事业建立在稳健发展的基础上.

精算科学是适应寿险业发展的需要而产生和发展起来的. 精算技术最初应用于人寿保险中对人口死亡率的估计，而后逐步在财产、灾害、责任保险的运营和社会保障事业的建立中发挥重要作用. 在保险经营中，保险人运用精算技术预先估计其承担每类风险的经济成本，并把它分摊到保单价格中，这样投保人购买保单的同时就把风险转移给了保险人，在损失发生时得到相应的经济补偿. 保险人在出售保单后担负起未来的赔付责任，这要求保险经营积累足够的准备金用于未来赔付，为了长期的发展和保护投保人的利益，要求保险人具有长期的偿付能力；商业保险为了实现一定盈利的经营目的，在保险产品定价、准备金评估、偿付能力评价、利润分析等各个方面都需要运用精算方法.

社会保险精算是运用精算基本原理，结合社会保险的具体问题，对社会保险各项目的风险、补偿水平、成本、债务、现金流、准备金、偿付能力等进行的估计和分析. 在建立一个新的社会保险制度时，如建立一个覆盖城乡的基本养老保险制度时，需要测算在一定的待遇目标下，制度需要具备的经济资源，或者已有的经济资源能够提供的待遇水平；对于正在运行的制度，需要通过定期的精算评估，提供制度运行的基本财务状况和发展趋势，为政策制定者和基金监管者提供依据. 例如，通过对养老保险制度未来 50 年收支水平的测算，可以发现随着人口和经济因素的变动，未来收支的变动趋势，分析制度的长期可持续发展能力；在进行社会保险制度改革时，需要通过精算评估，分析不同改革方案对制度财务的短期和长期影响. 例如，养老保险在进行做实个人账户的改革时，需要测算做实个人账户需要的资金支持，测算个人账户基金从统筹基金中剥离出去后，统筹基金的未来收支和偿付能力，测算改革对不同类型人群养老待遇的影响，测算改革对国家、单位和个人产生的影响等. 在财政或社保制订社会保险年度收入和年度支出预算时，需要通过短期精算评估提供关于年度缴费、投资收入、待遇、费用等方面的数据；另外，精算评估也对政府或其他相关部门提出的特别改革项目提供技术支持. 例如，提高制度的待遇水平，或者增加某项社会保险的准备金水平等，都需要进行精算评估.

1.2　社会保险精算管理的国际经验

在国际上，已建立社会保障制度的国家不同程度地建立了相应的精算制度，有的国家在主管社会保障的政府机构设立专门的精算机构，例如，美国、日本、瑞士、捷克、菲律宾等，这些国家在社会保障署设有专门的精算机构，负责对社会保障的财务状况进行评估；有的国家在金融监管机构设立专门部门负责社会保障精算工作，如加拿大在金融监管局下设有专门的机构负责社会保障精算工作，每三年提供一次评估结果；有的国家设立独立的政府精算机构，如英国、澳大利亚，设立独立于政府部门的政府精算署，负责对国内的社会保障项目提供精算评估，也对国内公共部门和私人部门的职业养老金计划提供精算服务，英国政府精算署还对国外的各类保险项目提供有偿的精算服务；还有的国家指定专门的研究机构提供社会保障精算评估结果，如法国的社会保障精算评估工作由国家统计与经济研究中心承担，韩国的养老保险精算评估由国家养老金研究中心承担等.

社会保障精算是随着社会保障制度和精算科学以及精算师职业的发展而逐步建立和发展起来的. 在国际上，从 1889 年德国颁布世界上第一部养老保险法案以来，许多国家尤其是欧美发达国家都相继建立了完善的社会保障体系. 与此同时，保险精算科学中的一些概念和技术也越来越多地被社会保障领域所接受和应用，包括英国、美国、德国、加拿大、日本在内的一些发达国家都建立了专门负责社会保障精算工作的部门和组织. 一些相关的国际组织，如国际劳工组织、国际精算师协会等，也相应地建立了专门的精算机构，对社会保障领域的精算评估问题进行研究，为各国社会保障精算制度的建立提供专业指导. 例如，英国在 1911 年颁布了国家保险法案，1912 年国家健康保险联合委员会任命了第一任首席精算师阿尔弗雷德·沃森(Alfred Watson)，随后更多的政府部门要求首席精算师提供相关的精算意见. 在 1917 年，为适应其逐渐拓宽的职责范围，沃森被任命为政府精算师. 1919 年，在财政部下成立了以政府精算师为首的政府精算署，专门负责社会保障和公共养老金的精算评估. 随着社会保障精算制度的发展，逐步发展成为能够提供中立精算意见的独立的政府精算机构. 美国在 1935 年颁布了社会保障法案，1939 年建立了社会保障信托基金理事会，随后，在社会保障署下成立了精算部，专门负责社会保障精算工作，编写社会保障精算报告. 1940 年信托理事会向国会递交了第一份精算报告，2010 年发布的报告是第 71 次报告. 日本在 1942 年建立雇员养老保险制度的同时引入了精算制度，随着 1954 年雇员养老保险法案和 1959 年全国养老金法案的颁布，社会保障精算机构和精算制度随之建立起来. 可以说，精算技术在社会保障领域中的应用极大地加强了社会保障的财务安全性和稳健性.

1.3 建立我国的社会保险精算管理系统

我国社会保险制度历经二十年的改革，取得了一定进展，建立了包括城镇职工养老、医疗、失业、工伤、生育等的社会保险体系. 但制度在实际运行中仍然存在不少问题，特别是随着人口的日益老龄化，社会统筹与个人账户相结合的社会养老保险和社会医疗保险制度正在面临越来越严重的支付压力. 在中央确保离退休人员养老金按时足额发放的政策下，各级财政承担起填补养老保险基金缺口的任务. 但是，各级社保和财政部门对养老保险制度当前和未来的财务状况并没有清楚的认识，从而很难作出预先的财务安排，在实际操作中不得不采取临时的应对措施. 同时，在社会保险制度和具体操作方案的若干次改革中，也缺乏对各种改革方案未来财务状况的精算评估，从而不可避免地加大了改革成本.

我国社会保险制度的历次改革，建立在对部分地区试点的基础上，试点的时间长度一般在 5 年左右，在推出试点方案和正式方案之前，劳动保障部门都会进行深入的调查研究，但总体上看，缺乏对制度财务可持续性的深入论证，缺乏对各种方案财务结果的预先分析，更没有对制度运行进行精算管理并公布定期的精算报告. 应该说，我国社会保险的制度建设和行政管理至今仍然十分粗放，在实际工作中比较强调扩面、征缴和社会化发放，还没有开始重视社会保险的精算管理，忽略了制度建设中的风险管理问题. 在社会保险的精算研究方面，基本上限于对隐性债务的精算评估和对策探讨，还没有充分认识精算管理系统在社会保险事业发展中的核心地位．一些地区在社会保障基金财务压力下，开始探讨运用精算模型预测基金收支的方法，有些地区在专家的帮助下曾经对养老基金的收支进行过一些测算，但这些测算基本上是一次性和临时性的，并没有建立一种长效机制．目前，人力资源和社会保障部、财政部等已经开始意识到精算管理的重要性，但无论是在理论上还是在实践中都没有建立起养老保险精算管理系统．从而很难对制度面临的风险进行综合评价，很难对制度的成本、债务、长期财务收支状况等作出预见性的分析，很难为制度的长期稳健发展提供预警和宏观监控．因此，可能对制度缺乏宏观把握，看不清各种政策选择下的长期财务影响，对制度可能潜伏的长期财务危机缺乏认识，难以保证制度在财务上的长期稳健发展．

建立我国的社会保险精算系统，需要有制度上的保证，需要具备一支专业的人才队伍，需要较为完备的数据信息基础．第一，从制度上对精算管理提出要求．包括对精算人才、精算标准、数据基础、精算报告制度等方面的要求，为精算管理的开展奠定法律基础．第二，精算管理工作的人才基础是精算师队伍．精算师通过评估风险，对各种未来发展方案建立数学模型，预测未来的财务状况，并提供中立的、没有其他因素干扰的专业意见．在我国保险业的发展中，精算师发挥了极其重要的作用．在社会保险领域引入精算师制度，也必将促进社会保险事业的发展．第三，统计数据信息是精算管理的基础．为了合理评估社会保险运行中的财务风险，需要有参保人口及其结构等基本数据信息．在我国的社会保障制度建设中，统计信息系统并不健全，目前虽然人力资源和社会保障部已在劳动与社会保险统计管理信息系统建设方面取得了一定的进展，但基本上是把重点放在支持全国联网的信息系统的硬件设备和软件平台上．目前，各地区的数据和应用软件仍然不统一，数据和指标的标准化程度不高，更缺乏对数据的深入挖掘和综合分析．为了满足精算管理的需要，今后需要对精算管理所需的数据信息进行规范和统一．

1.4　本书的主要内容和结构

本书围绕社会保险精算管理系统，在研究社会保险精算管理基本理论问题的基础上，分别对养老保险、医疗保险、工伤保险、失业保险、生育保险的精算评估模型和方法进行研究，并基于我国的实际数据，运用模型对养老保险的隐性债务和未来收支进行了预测分析，对我国建立社会保险精算管理系统具有重要的价值．

全书共分 8 章．第 1 章为总论．探讨社会保险精算管理的重要意义以及精算管理在商业保险和社会保险中的重要地位，分析社会保险精算管理在社会保险制度建设和健康发展中的重要作用；总结和比较国际上社会保险精算管理的相关经验，指出精算管理在维护社会保险可持续发展中的核心作用．最后，基于我国社会保险风险管理的现状，提出建立我国社会保险精算管理系统的发展道路．

第 2 章是对社会保险精算管理系统的整体描述. 在简要介绍精算管理系统的内容和在风险管理中重要作用的基础上, 建立社会保险精算管理系统, 对系统的结构和内容进行比较详细的分析; 研究社会保险精算评估的特点; 对社会保险精算评估的目的和范围, 评估所需数据和信息的收集与整理, 精算评估模型的构建, 精算假设的选择, 评估结果的表述, 敏感性分析和随机检验以及评估对保险计划的影响等进行逐一详细的论述.

第 3 章是对社会保险在不同融资模式下收支平衡关系的讨论. 介绍社会保险的几种融资模式及其特点, 讨论在现收现付制、完全基金制和部分基金制下收入与支出的平衡模式及其特点, 介绍在部分基金积累制度下的阶梯保费模式、准备金比率模式以及长期均衡保费模式的特点和应用等.

第 4 章讨论养老保险精算管理问题. 对我国养老保险现状进行描述和分析, 指出我国建立养老保险精算管理制度的迫切性, 探讨养老保险精算评估的基本步骤和核心内容, 讨论精算假设与基础数据的收集和整理, 并运用实际数据和精算模型, 对我国 31 个省(自治区、直辖市)养老保险隐性债务水平进行了测算分析, 对养老保险的未来收支进行了预测分析.

第 5 章讨论医疗保险精算管理问题. 对我国医疗保险体系及其发展进行描述和分析, 讨论不同医疗保险融资模式的特点和我国的选择, 分析医疗保险基金的形成、医疗保险费的征收和医疗保险待遇的支付等相关问题, 在此基础上, 研究社会统筹医疗保险基金、个人账户医疗保险基金未来收支的测算方法.

第 6 章讨论工伤保险精算管理问题. 对我国工伤保险体系及其发展进行描述和分析, 讨论不同工伤保险融资模式的特点和我国的选择, 研究均衡费率、差别费率和经验费率等几种工伤保险定价系统的特点, 给出临时性失能给付、永久性失能给付、一次性工伤和工亡补贴等支出的测算方法.

第 7 章讨论失业保险精算管理和生育保险精算管理问题. 分别讨论失业保险的融资模式, 失业、就业与经济周期波动的关系, 失业保险基金收支评估模型, 生育保险及其融资模式的特点, 生育保险基金收支的项目和预测方法等.

第 8 章研究社会保险精算报告制度. 在国际经验比较分析的基础上, 对比国际精算机构和社会保障机构给出的社会保险精算报告的指导原则, 研究我国建立社会保险精算报告的具体内容.

第 2 章　社会保险精算管理系统

精算管理系统是发现和明确精算问题、设计并执行精算解决方案、监控解决方案的实际效果并为进一步明确精算问题提供反馈意见的决策和控制过程. 同时，精算管理需要考虑外部环境因素的影响和精算问题的实际背景. 本章简要介绍精算管理系统的内容和在风险管理中的重要作用，结合社会保险的特点，建立社会保险精算管理系统，并按照社会保险精算管理的一般流程和核心内容，讨论社会保险精算评估的特点、社会保险精算评估的目的和范围、评估所需数据和信息的收集与整理、精算评估模型的构建、精算假设的选择、评估结果的表述、敏感性分析和随机检验等内容.

2.1　精算管理系统

精算管理系统最早由英国精算师协会前任主席杰瑞米(Jeremy) 于 1985 年提出，其基本原理是运用控制论和负反馈观念描述精算师在金融服务业和管理中的工作流程和工作职责，从而将精算工作领域有机地联系起来，也建立了精算工作与其他领域的相互联系. 20 世纪 90 年代初，精算管理系统的观念被澳大利亚的几所大学引入精算教育体系. 随后，国际精算师协会在其推荐的精算教育大纲中强调了精算管理系统的重要地位. 精算管理系统也迅速在实践中发挥作用，成为系统地解决风险管理问题的核心.

精算管理系统是一个概念性的框架，它概括了金融企业、产品或计划管理的持续管理过程以及各个过程之间的关系(Bellis et al., 2003). 其主要思想基于：发现问题、设计并执行解决方案、监控解决方案的实际效果这一决策和控制过程，同时需要考虑外部环境或问题的实际背景. 以保险公司为例，精算管理系统描述了从风险评估、产品设计、定价、负债评估、资产评估、资产负债管理、偿付能力评价、经验监控、利润分配，再回到风险评估，开始下一轮循环的各具体环节及其相互联系，以及社会、经济、人口、税收、法律等环境因素对系统各环节的影响和精算师职业化问题. 在养老保险领域，精算管理系统包括养老保险风险评价，精算模型选择，数据准备，精算假设筛选和确定，精算评估结果表述，经验监控，精算建议，最后再回到风险评价等的循环过程. 应该说，精算管理系统突破了精算师传统的工作领域和工作职责，使精算师的工作职责从对保费和准备金的计算转向对产品和计划的设计和管理上. 计算机的普及和运算能力的大幅度提高，大大提高了精算师的工作效率，也使精算师有可能跳出原来狭窄的工作领域，转向探索公司运作和制度设计等问题上来. 而精算管理系统所提供的框架能够帮助精算师以业务流程为基础, 在实践中强调设计对于环境的适应能力, 从而提高了精算师对风险相关体系的设计能力.

社会保险精算管理系统是精算管理原理在社会保险领域的应用. 其主要要素包括明确社会保险的风险问题, 为设定的目标建立精算解决方案, 建立精算评估模型并根据当前的制度选择合适的模型, 建立评估所需的数据基础, 对未来的变动作出假设, 建立精算报告制度, 表述评估结果和陈述精算建议等.

社会保险精算管理系统可以用图 2-1 表示.

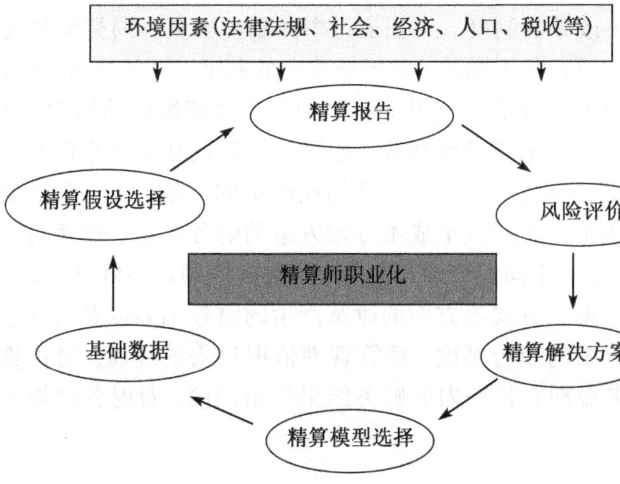

图 2-1　社会保险精算管理系统

2.1.1　风险评价

在社会保险精算管理系统中, 首先要对社会保险面临的风险作出评价. 从个人层面上看, 每个人都会面临老年风险, 从而社会需要建立养老保险制度, 为人们的老年生活提供必要的收入保障; 每个人出生后都会面临疾病风险, 疾病的发生给人们的正常生活和工作带来损失, 因而社会需要建立医疗保险制度为人们因生病、受伤需要治疗而提供必要的医疗服务和经济补偿; 每个就业人员, 都会面临因工意外伤害事故造成的损失, 因而社会需要建立工伤保险制度, 对临时性失能、永久性失能造成的收入损失以及医疗和康复费用支出进行必要补偿; 每个就业人员也会面临失业风险, 特别是经济波动时期失业风险增大, 失业会严重影响就业者个人及其家庭的正常生活, 因而社会需要建立失业保险对失业者在失业期间的损失进行补偿; 同样, 人类繁衍后代的生育活动也使工作期间中断并发生医疗费用, 因而社会需要建立生育保险对生育期间的损失进行补偿.

以养老保险为例, 养老保险的风险包括人口数量和结构变动等人口风险, 通货膨胀和金融市场变动等经济风险，政策环境等政治风险，管理缺陷导致的风险等. 养老保险面临的人口、经济、政治和管理方面的风险，可能使制度在财务上难以为继，可能不能实现养老保险制度的预期目标，进一步可能引发社会矛盾，不利于社会经济的稳定发展. 对养老保险面临的风险作出评价，需要运用技术手段建立评估指标，对风险程度及其损失作出衡量，为建立新制度、改革旧制度，以及维护现有制度的正常运行提供基础和准备.

2.1.2 精算解决方案

社会保险精算管理系统的第二环节是为设定目标建立精算解决方案. 对于新建立的制度、需要改革的制度、正在运行中的制度以及不同类型制度的不同方面，其精算管理的设定目标是不同的. 对于新建立的制度，更关注制度的覆盖面、待遇水平、基金来源以及制度的建立可能产生的社会经济影响等问题，从而精算管理的设定目标可能是在一定覆盖面和待遇水平下所需的成本水平以及基金筹集对国家、单位和个人的影响等. 对于进行结构性改革的制度，需要关注制度的历史债务、制度的转轨成本、不同改革成本分摊方案的财务影响、改革可能产生的未来长期财务影响、改革对不同人群的影响等. 对于制度的定期修订，更关注制度在覆盖面、待遇水平、融资方式等方面的改革产生的财务结果以及对社会经济的影响等. 对于正在运行中的现行制度，精算管理依据过去的经验，对精算假设和方法作出调整，对未来短期和长期内的财务结果作出预测，对财务结果的社会经济影响作出评价等.

2.1.3 建立精算评估模型

在设定的精算管理目标下，依据精算原理，建立精算评估模型组，并针对具体目标，选择精算模型. 根据朱威尔(Jewell, 1980)的定义，模型是一组经过验证的数学关系或逻辑步骤，用来描述观察到的、可测度的现实世界现象，并揭示引发现象的假定条件，同时出于决策目的预测现象未来的表现. 社会保险精算模型是用于表述社会保险收入、支出、基金积累、负债积累以及诸多影响因素与它们之间关系的数学模型. 社会保险精算模型有确定性模型和随机性模型，确定性模型的模型参数都不是随机变量，模型依据基础数据和一定的精算假设，每次得到的结果是单一的；随机模型中若干模型参数是随机变量，得出的结果是一个在一定概率下的变动范围. 在实践中，大部分情况是在模型的某些部分采用确定模型，在另一部分采取随机模型. 例如，美国社会保障信托基金报告中提供的随机预测，用随机模拟方法估计精算评估中的不确定因素对未来财务收支的影响. 这些不确定性因素包括生育率、死亡率、迁入和迁出人口、消费价格指数、平均实际工资、失业率、信托基金回报率、伤残发生率、伤残恢复率等. 还有一些模型，部分采取确定模型，部分采取情景模型. 情景模型是对影响模型结果的一个或多个因素预先设定若干可能的变动情景，运用情景模型测算在不同情景下的结果.

在社会保险精算管理中，需要根据不同的目的建立不同的精算模型，在一定的目标下，选择合适的精算模型，用于测算和分析未来可能的变动对决策目标的影响. 例如，对正在运行的现收现付养老保险制度，精算管理的目标往往是通过测算未来收支，实现制度设定的待遇与缴费的平衡，或者说，为制度设定的待遇确定合适的缴费.

2.1.4　数据基础

精算模型建立和运行的基础是经验数据，没有数据的模型是纯粹的理论模型. 模型用于实际问题的解决，需要输入实际数据. 养老保险、医疗保险、工伤保险、失业保险、生育保险等精算管理的数据要求将在相应的章节分别说明.

2.1.5　精算假设

除了建立在经验数据基础上之外，精算模型的建立和运行还需要对未来影响因素的变动作出假设. 例如，在养老保险精算评估中，需要对未来人口、经济、制度等因素的未来变动趋势作出假设. 对未来缴费收入的预测，需要预测未来的缴费人口和缴费水平，而参保人口是缴费人口的基础，就业人口是参保人口的基础，人口又是就业人口的基础. 在长期预测中，人口生育率、死亡率、迁移率是未来人口变动的决定因素，就业率是未来就业人数的决定因素，参保率是未来参保人口的决定因素，参保缴费是未来缴费人口的决定因素. 在精算模型中，需要对这些决定因素的未来变动水平作出精算假设. 一般来说，精算假设需要根据过去若干年的经验数据和对未来的判断作出. 比如，工资增长率假设，需要根据过去若干年工资增长变动趋势，考虑未来工资改革的相关政策来确定；利率假设，需要依据过去投资组合及利率波动，考虑未来社会保险基金投资政策和市场的可能变动情况作出；人口方面的精算假设需要根据地区人口、养老保险覆盖面以及当地社会保险在未来的变动等作出.

2.1.6　精算报告

精算报告是对精算管理结果以报告形式作出的表述. 精算报告通常应包括对评估目的的说明，对评估时评估项目当前基本状况的说明，对上次评估结论及到本次评估发生的变动的说明，对本次评估所用的方法、数据和精算假设的说明，评估结果以及未来可能变动对评估结果产生的影响的分析，本次评估的结论及相关建议等. 特别地，对于连续评估的项目，还需要在报告中分析上次评估和本次评估的差异以及差异的原因，最后给出评估建议，并由精算责任人对报告的质量作出陈述.

2.1.7 环境因素

在社会保险精算管理系统中，环境因素包括影响社会保险制度运行的法律法规，社会、经济、人口状况，国家财政税收状况等，这些因素对社会保险精算管理系统的各个环节都会产生影响．例如，人口出生率和死亡率的下降，使人口老龄化，也使人口寿命延长，从而使人们领取养老金的时间延长．在风险分析中应充分认识到人口老龄化和长寿风险对制度模式的影响．在精算假设中，应考虑人口死亡率不断降低的趋势，分析这些环境因素的变动对制度财务收支的影响，为建立财务稳健的养老保险制度提供技术支持．

2.2 社会保险精算评估的特点

社会保险有区别于商业保险的不同特征．尽管商业保险和职业养老金计划也可以提供类似社会保险的保障，如商业养老保险可以提供个人年金和团体年金产品，职业养老金计划可以提供职业年金，商业医疗保险可以提供医疗费用补偿，商业意外伤害保险可以提供意外伤害损失补偿等．但商业保险是一种商业合同形式，投保人通过购买保险公司的产品，在合同约定的给付条件发生时，可以得到约定的赔付和补偿．在保险市场上，投保人按照自愿原则，选择购买自己需要的产品．保险公司按照市场原则并根据精算公平确定保费，同时在政府监管机构对公司偿付能力的要求下，保持公司的持续经营．职业年金是雇主为雇员建立的养老计划，是雇主提供的一种员工福利，职业年金一般采用信托基金模式．社会保险是国家提供的强制保险，参保人是法律规定的劳动者，在满足一定工作期限或者缴费年限，并达到法定退休年龄后，参保人开始领取养老金．由于社会保险的不同特点，其在精算评估上与商业保险和职业年金有所差异．

2.2.1 开放人口方法

社会保险是国家强制保险，其参加人员是满足国家政策规定的全体劳动者．因此，没有商业个人年金和职业年金中的核保和风险分类问题，不需要根据不同的风险分类确定分类保费．同时，源源不断的新增劳动力和不断退休的人群，保证了参保人口的连续性和更替性，也使社会保险具有长期性，从而在计划参加人口的预测上，社会保险采取开放人口方法，在模型上需要考虑持续新增人口和退出人口．而在商业保险下，精算评估一般建立在封闭人口假设下．另外，社会保险的参加者可能因失业或辞职退出保险，但当他们重新就业后，又会再次加入保险，再次加入时的雇主可能发生变化，但全国统一的社会保险制度会同等认可其参加保险的年限．在商业保险下，中断保险后，不能连续计算参保年限．

2.2.2　与人口和经济密切相关

社会保险的参保缴费人口决定于人口数、人口就业率、就业人口参保率、参保人口缴费率等. 养老保险领取待遇的人数决定于达到退休年龄的人口数和养老金水平; 医疗保险的支付额决定于疾病发生率、社会医疗保障的程度、医疗费用水平和自付比例等; 工伤保险的支付额决定于工伤保险的覆盖范围、工伤风险的发生率和损失程度、工伤和康复保障的程度等; 失业保险与就业和经济发展密切相关, 经济波动时期失业率上升, 需要的失业补偿增加等. 可见, 人口数量和分布、人口就业状况和参保状况、就业人口工资水平等直接影响社会保险的财务状况. 因而, 社会养老保险的精算模型与整个国家的人口和经济模型相联系. 在我国, 社会保险采取省级统筹的地区分割管理模式, 地区社会保险的精算模型应该与地区人口, 地区间人口迁移以及地区经济模型相联系. 另外, 在精算假设的制订中, 社会保险需要根据整个社会、经济、人口的变动以及社会保险政策的变动作出相关假设, 而在职业年金和商业保险下, 往往是根据计划的过去经验作出精算假设.

2.2.3　偿付风险最终由政府承担

社会保险是国家强制保险, 其偿付能力风险最终由国家承担. 无论是采取税收融资还是采取缴费融资的方式, 当社会保险基金的收支出现缺口时, 最终需要由国家财政承担对缺口的补贴责任. 政府可以通过提高税率或者增加税种的方式增加财政收入, 也可以通过调整税收支出结构, 减少在某些项目上的财政支出, 增加在社会保险上的补贴力度. 政府还可以通过调整社会保险政策、降低待遇水平或增加缴费或税收等方式缓减社会保险的财务压力, 以保证计划的长期运行. 由于中央政府对社会保险的财政担保, 使社会保险的破产风险直接与政治风险联系起来, 社会保险很少因资不抵债或者收支缺口无法弥补而破产.

在偿付能力评价中, 社会保险的支付能力往往用基金率来衡量. 基金率是一定时期末结余基金与下一支付期预期支出的比例, 表示累计基金对下期预期支出的支付能力. 通常用年末累计结余基金与下一年度预期支出的比例表示, 表明累计结余基金可用于支付的年数. 基金率为 0, 表明当年的累计结余和保费等各项收入正好满足当年支出, 没有累计结余, 这种情况表明当期收支完全现收现付; 基金率大于 1, 表明累计基金至少可以满足今后一年的支出; 基金率小于 1, 表明累计基金不能满足今后一年的支出.

在现收现付的社会保险下, 基金积累是为了应付短期经济波动引起的缴费减少, 进而导致支付缺口的问题. 通常基金率应大于1以保证至少满足1年的待遇支付. 同时, 为了应付经济萧条带来的失业增加, 就业减少, 工资降低, 以及人口结构变化, 特别是人口老龄化等引起的未来支出负担增加等问题, 需要建立更多的储蓄积累基金.

与社会保险相比，在商业保险和职业年金下，当计划累计的资产不足以应付积累的负债时，计划处于偿付能力不足状况，偿付能力不足会导致计划破产，计划破产的风险由保险公司和职业年金基金受托人承担. 在有些国家，政府对职业年金提供一定的担保，例如，美国的待遇预定型职业年金需要向养老金担保公司(Pension Benefit Guaranty Corporation, PBGC)这一公共机构缴费，从而养老金担保公司最终承担着计划破产的风险.

2.2.4　收入再分配

社会保险的重要功能是实现收入的再分配. 社会保险通过建立统筹基金，对年老、疾病、工伤、失业、生育等风险提供定期给付或一次性的补偿，实现对这些风险的分散和共担. 同时使收入从风险低的人群向风险高的人群再分配，从高收入人群向低收入人群再分配. 以养老保险为例，由于养老保险的待遇通常规定为社会平均工资水平的一定比例，而相同比例的社会平均工资对不同收入人群意味着不同的收入替代率，对高收入人群的替代率更低，对低收入人群的替代率更高. 同时，养老保险的缴费以本人在职期间工资水平的一定比例缴付，相对退休后领取的待遇，高收入者缴费的回报率更低，低收入者缴费的回报率更高. 从而在不同收入人群之间产生了收入再分配. 社会养老保险正是通过高收入阶层对低收入阶层收入的再分配，实现了对低收入人群的保护. 同时，社会养老保险也产生下一代向上一代的再分配，特别是在人口老龄化的过程中，下一代需要比上一代缴纳更多的保费，才能得到同样的养老金待遇. 另外，由于男性平均寿命比女性更短，男性退休年龄比女性更高，男性的平均缴费比女性更多，而待遇享受却更少，从而产生了从男性向女性的收入再分配. 类似地，养老保险也从寿命短的人群向寿命长的人群再分配. 对于提供配偶和子女给付的社会保险，收入从已婚人群向未婚人群再分配，从子女少的家庭向子女多的家庭再分配. 精算评估能够对这种再分配的程度进行分析，对再分配程度的改变以及产生的社会经济影响进行分析，对各种因素产生的收入再分配进行比较，从而为制度的公平性和可持续发展提供保证.

2.3　评估目的和范围

在社会保险的精算评估中，首先需要明确评估的目的和范围，精算评估的目的基本上可以归纳为以下几种：

(1) 对新制度的评估. 对新建立的制度，评估制度能够提供的给付能力，或者在一定的待遇目标下，评估制度必须具备的经济资源.

(2) 对正在运行制度的定期评估. 对正在运行的制度，定期的精算评估提供制度运行的基本财务状况和发展趋势分析，为政策制定者和基金监管者提供依据.

(3) 对改革方案进行评估. 对实施改革的社会保险制度, 精算评估可以提供不同改革方案对制度财务短期和长期影响的分析结果, 使改革建立在长期稳健发展的财务基础上.

(4) 制度短期收支预测. 在制订社会保险年度收入和年度支出预算时, 需要通过短期精算评估提供关于年度缴费、投资收入、待遇、费用等方面的数据.

(5) 特别项目精算支持. 对政府或其他相关部门提出的特别项目进行评估, 例如, 对制度待遇调整或修改准备金要求时开展的精算评估; 向政府相关部门提供关于社会保障状况的统计数据, 用于公开发布等.

2.3.1　对新建制度的评估

在建立社会保险制度时, 需要评估一定的资金能够提供的待遇水平, 这些资金一般包括政府财政拨款、单位和个人的缴费等, 或者为实现一定的待遇目标需要的资金支持, 以及所需资金在政府、单位和个人之间的不同分配模式产生的影响等. 通过短期评估, 分析一定待遇目标在未来3到5年的短期内对政府财政产生的影响, 对企业和个人增加的负担, 或者一定的缴费能够实现怎样的待遇水平等; 通过对 50 年以上的长期评估, 分析实现一定待遇目标产生的长期经济影响, 或者每年一定的缴费, 能够实现的待遇水平及其待遇的变动等, 从而为新制度的建立提供依据.

对新制度的评估首先须明确制度的覆盖范围. 我国过去的社会保险制度只覆盖城镇国有企业和部分集体企业, 社会保险制度的逐步改革, 使制度的覆盖面扩大到城镇所有劳动者, 并预期在 2020 年建立覆盖城乡的社会保障制度. 在对新制度的评估中, 应该考虑到制度覆盖面逐步扩大对制度未来财务状态的影响, 以及随着覆盖面的扩大, 制度覆盖人群中按规定缴费的比例. 为方便起见, 这里称实际缴费与应缴费人口的比例为遵缴率. 不同类型的参保人群其遵缴率有很大差异, 在我国现行制度下, 正规部门参保人群的遵缴率较高, 自营职业者等非正规部门参保人群的遵缴率较低, 在精算评估中应该考虑制度覆盖面不断扩大后在实际缴费上的差异.

另外, 由于标准工资和实际收入的差异, 在缴费和待遇水平的确定中, 需要根据相应法律法规, 确定缴费工资水平和待遇的计算标准. 以养老保险为例, 我国社会养老保险的单位缴费和个人缴费, 都设定了一个缴费上下限. 工资水平超出社会平均工资 300%的单位和个人, 按 300%的社会平均工资水平缴费; 工资水平低于社会平均工资 60%的单位和个人, 按 60%的社会平均工资缴费. 此外, 还应该明确制度规定的领取养老金的最低退休年龄、最低缴费年限以及养老金待遇的定期调整机制等. 我国目前养老保险制度规定的退休年龄为男性 60 岁, 女性 55 岁; 领取养老金的最低缴费年限是 15 年; 养老金待遇按照社会平均工资的增长率和通货膨胀率等作出调整.

2.3.2 对现行制度的定期评估

社会保险为参保人提供养老、医疗、工伤、失业、生育等方面的保障. 对现行制度的定期精算评估是制度风险管理和基金监管的重要手段. 通过精算评估提供的现行制度未来财务收支预测, 对现行制度未来财务状况作出诊断, 对未来的发展趋势有所把握, 对未来可能产生的问题作出预警, 为政策制定者和基金监管者提供依据.

对现行制度的定期精算评估, 可以提供现行制度在未来(50~75 年)的财务收支预测, 可以提供为满足现行制度的待遇水平和待遇调整, 以及在参保人口及其年龄结构、未来工资和利率变动下的未来缴费变动; 可以提供未来财务收支的盈余或缺口状况, 未来基金缺口在不同解决方案下对不同利益方的影响等.

1. 经验分析

对现行制度的定期评估从对制度的经验分析开始, 经验分析是指对过去的实际结果与过去所作的精算评估结果进行比较分析, 从而发现在过去精算评估中所采用的精算假设与实际的差异, 为进一步评估确定合适的精算假设提供依据. 例如, 在经验分析中, 需要对参保人数、缴费人数、缴费水平、待遇领取人数、待遇水平、待遇调整、投资回报等的假设水平与实际水平进行对比分析, 发现不同因素对过去评估结果产生的影响, 决定是否对精算假设作出调整以及如何作出调整等.

2. 调整精算假设和方法

在经验分析的基础上, 对影响社会保险未来收支的因素进行分析. 例如, 考虑未来人口死亡率的降低、新增参保人口和退休年龄的变动、工资增长、待遇调整、投资回报增长等, 依据对影响制度未来收支的人口和经济因素的变动, 以及对过去经验的分析, 确定用于评估的精算假设. 有时, 根据经验分析, 也可能对评估方法作出调整和改进.

3. 财务预测

根据确定的精算假设和方法以及社会保险制度的修订情况, 对制度未来收入、支出、结余等作出预测. 根据财务预测的结果, 给出对收支调整的建议. 例如, 如果制度未来财务将出现严重的支付缺口, 这一缺口又很难通过国家财政补贴填补, 就应该考虑提高未来的缴费或者降低待遇水平以实现收支的平衡.

2.3.3 对改革方案进行评估

在社会保险制度改革中, 需要测算不同的改革方案对制度财务短期和长期的影响, 从而明确制度改革的方向, 把握改革影响, 为改革提供依据. 改革可能是对制度缴费、待遇、覆盖面等的调整，也可能是从结构上对制度实施改革. 我国养老和医疗保险制度的改革是从结构性改革开始的，从过去完全现收现付的覆盖国有和集体企业职工的企业养老保险，改革为覆盖城镇劳动者的社会统筹与个人账户相结合的部分积累制度，其中社会统筹采取现收现付的筹资模式，个人账户正在向完全基金积累模式改革. 在这种结构性改革中，需要通过精算评估，确定从过去制度向现行制度过渡的成本，需要测算这一过渡成本在不同的分摊模式下对制度未来财务的影响，对国家、集体和个人等不同利益方的影响，分析应对过渡成本的经济来源等. 在建立名义账户或逐步建立实际个人账户的过程中，精算评估能够提供在不同的个人账户积累方式和个人账户计发公式下预计的待遇水平. 分析不同积累利率和计发公式对个人待遇的影响. 当前，我国社会保险正在进行扩大覆盖面、提高征缴比例、建立待遇发放与缴费的联系、建立定期调整养老金水平机制等方面的调整. 在这些改革中，精算评估可以提供不同改革对未来收支产生的影响. 例如，养老金的指数化调整对支出产生的影响，从而发现增加多少缴费或者政府补贴才能满足对支出增加的需要，另外，通过评估可以发现，改革养老金的计发标准对支出的影响、从而得出维持收支平衡下缴费如何调整等.

2.3.4　短期收支预测

在制订社会保险年度收入和年度支出预算时，需要通过短期精算评估提供关于年度缴费、投资收入、待遇、费用等方面的数据. 我国社会保险将实行独立于财政的预算管理制度，通过短期收支预测，精算评估可以提供未来缴费收入、投资收入、待遇支出等收支预测，可以提供未来现金流量预测，从而对预算管理、投资决策等都有重要的意义.

短期预测与长期精算评估在方法上和精算假设上有一定的差异. 在长期精算评估中，强调对未来收支趋势的认识，在短期预测中，更强调准确性. 因此，在对工资、缴费、投资收入等的假设上，应考虑短期内的政策调整，工资变动和待遇的调整. 精算评估人员应该与经济、会计、法律、投资等人员密切配合，确定合适的精算假设.

2.3.5　对特别项目的精算支持

精算评估也可以为政府或其他相关部门提供特别的支持. 例如，对养老保险待遇调整的决定、推迟退休年龄的决定、扩大制度覆盖面的决定、提供工伤保险准备金的决定等，都需要借助精算评估的结果，分析改革的成本和财务能力，分析改革对收入再分配的影响和对促进社会公平的影响，分析改革的社会经济影响.

2.4　数据和信息的收集与整理

社会保险管理数据库是精算评估的基础，同时，用于精算评估的数据应该与精算评估模型和方法一致. 如果数据信息不完全或者不准确，需要对数据作必要的修正.

在数据收集和分析前，需要对制度覆盖面、待遇领取条件、待遇计发公式、缴费工资、缴费率以及制度条款等进行研究. 精算评估所需要的数据主要来源于制度管理数据库系统，同时，也需要从政府统计或相关部门收集必要的人口和经济方面的数据. 数据的结构和类型应该与模型对数据的要求保持一致. 在数据用于模型评估前，需要对数据质量进行检验，对不合格的数据进行必要的处理.

2.4.1　社会保险精算评估要求的数据

社会保障精算模型所需数据一般包括人口和经济数据、参保人口数据、被评估社会保险项目的基本法律规定等.

1. 人口和经济数据

(1) 人口数据. 包括分年龄性别人口、生育率和出生性别比、分年龄性别死亡率、迁入和迁出人口、分年龄性别婚姻状态人口数据等，国外的社会保障往往提供遗属给付，或者夫妻联合的生存给付，这时需要参保人婚姻状况方面的数据.

(2) 劳动力、就业、失业数据. 包括劳动力参与率、从业人数、失业人数、失业率等数据.

(3) 工资、利率、通货膨胀和 GDP 数据. 包括：工资总额、工资在 GDP 中的比例、平均工资、通货膨胀率、利息率等.

2. 参保、缴费和待遇领取数据

(1) 参保人口. 包括缴费人口、注册但未缴费的参保人数. 未缴费参保人口可能在过去曾经缴费或者在过去计划下积累了领取待遇的权益，缴费人口也可能在参加了一段时期后退出或者停止缴费，一段时间后可能重新缴费，成为参保人群. 通常精算评估需要分年龄的缴费人口数据.

(2) 新增和重新加入的参保人口. 需要分年龄数据.

(3) 参保人口工资收入和缴费工资收入. 通常缴费收入有上下界限，对收入高于某一水平的参保者按规定的最高限缴费，高出部分不缴费.

(4) 实际缴费人数比例. 实际缴费人数比例定义为一年内实际缴费人数与应缴费人数的比例，用于预测未来的实际缴费.

(5) 待遇领取人数. 需要分年龄性别领取各种待遇的人数. 例如，在养老金系统中, 应包括每年待遇支出总额、个人待遇水平、平均养老金和平均替代率、养老金随价格和劳动生产率的指数变动等.

2.4.2　社会保险精算评估的数据来源

社会保险精算评估所需的统计数据来源于社会保险管理数据库系统以及人口和统计部门或相关业务部门定期公布的统计数据.

1. 人口和经济统计

人口普查和人口统计可以提供分年龄、分性别、分地区和分行业的人口数据, 这些数据可以作为人口预测的基础数据. 在我国, 分别于 1953 年、1964 年、1982 年、1990 年、2000 年和 2010 年进行了第一到第六次全国人口普查, 于 1987 年、1995 年、2005 年进行了 1%全国人口抽样调查. 以后每隔 10 年将进行一次全国人口普查, 两次普查中间年份将进行一次全国人口抽样调查. 全国人口普查和抽样调查数据提供了关于人口总量、结构、出生、死亡、迁移等详细的数据, 这些数据为人口预测提供了基础. 另外, 国家统计局定期公布的经济和劳动力统计数据, 以及经济普查、劳动力状况抽样调查等, 提供了劳动力、就业、失业、工资等相关数据.

2. 社会保险管理系统数据

按管理的需要, 社会保险管理系统数据库包括参保个人性别、出生年月、工作时间、参保时间、缴费记录、领取记录等数据, 这些数据经过整理, 可以作为精算评估的基础数据. 同时, 社会保障相关管理部门, 如法律、税收、投资、缴费征收、待遇发放等部门也有相应的数据库系统. 社会保障法律部门负责社会保险法律和法规的制定与执行, 会计和财务部门负责财务报告和相关的资产评估, 投资部门负责对缴费的投资管理, 税务部门负责对缴费和待遇领取的征税处理, 待遇发放部门负责核准待遇并实施发放, 社会保障部门负责缴费收集和待遇发放, 这些部门的数据往往形成联网构成社会保障管理数据库系统.

2.4.3　与制度相关的法律法规信息

在精算评估中, 除了收集必要的统计数据, 对与制度相关的法律法规信息的收集和整理也是数据信息收集的重要环节. 精算评估所采用的模型必须与被评估制度或计划的相应法律法规一致. 在精算评估中, 应该熟悉法律法规的具体规定和实际执行中的问题. 包括社会保险覆盖面、法定缴费率、缴费工资、待遇领取条件、待遇计发公式、其他融资来源、投资规定等相关法律规定.

2.4.4　我国的社会保险信息数据库系统

随着社会保险个人账户的建立、养老金的社会化发放, 以及离退休人员管理服务社会化进程的推进，社会保险业务管理的信息量急剧膨胀，传统的手工方式乃至小规模的计算机管理系统已不能满足日常管理工作的需要. 同时，市场导向就业机制的建立，使劳动者流动日益频繁. 为了满足劳动和社会保障信息化管理的迫切需要，劳动保障部开始实施建立全国统一的劳动和社会保障信息系统工程，简称“金保工程”. 2002 年，中共中央办公厅、国务院办公厅转发的《国家信息化领导小组关于我国电子政务建设指导意见》，明确将劳动和社会保障部提出的金保工程作为“一号工程”，于 2002 年 10 月全面启动.

金保工程是利用先进的信息技术，以中央、省、市三级网络为依托，支持劳动和社会保障业务经办、公共服务、基金监管和宏观决策等核心应用，覆盖全国的统一的劳动和社会保障电子政务工程. 金保工程分为社会保险和劳动力市场两个子系统.

金保工程系统建设分为中央、省、市三级. 劳动和社会保障部网络中心连接全国 32 个省级劳动保障部门. 省级劳动保障部门网络中心连接本省范围内所有地级及以上城市市域网和省本级经办机构. 包括省本级在内，全国大部分城市联入各省级劳动保障部门网络中心. 城市级网络连接市内区县所有经办机构、街道(社区) 经办网点，以及医疗服务机构、银行、邮局、公安、财政等相关单位和部门.

当前，社会保险子系统建设面临的主要任务：一是在各中心城市建立覆盖全部参保人员和参保单位的集中式资源数据库，网络终端延伸到各个经办窗口和相关服务机构，实现养老、医疗等各项社会保险业务的全程信息化，并以所有中心城市的数据库作为全国联网的基础平台. 二是在各省、自治区建立覆盖全省区的养老保险资源数据库、各类社会保险检测数据库，对跨统筹地区领取社会保险待遇的人员要建立社会保障省内异地交换数据库，实现省内联网. 三是在劳动和社会保障部建立全国社会保险数据中心，包括全国的社会保险检测数据库、社会保险跨省异地交换数据库，实现全国联网.

按照总体规划，金保工程总建设周期为五年左右. 一期项目建设周期为 2003~2005 年，目标是建立连接所有区县级劳动保障部门和经办机构的计算机网络系统. 二期项目建设周期为 2006~2007 年. 目前，全国的网络已经基本形成，国家劳动和社会保障部与 32 个省级单位全部互联互通. 现在所有养老保险的监测数据都通过网络上传，可以监测到每一个参保人员的情况，包括其基本信息、投保情况以及退休人员的支付情况等. 全国大部分省级劳动保障部门建设了符合国家标准的数据中心机房，通过数据整理和整合，数据中心的统一程度逐步提高.

目前虽然劳动和社会保障部已在劳动与社会保险统计管理信息系统建设方面取得了一定的进展，但基本上把重点放在支持全国联网的信息系统的硬件设备和软件平台上. 目前，各地区的数据和应用软件仍不统一，数据和指标的标准化程度不高，缺乏对数据的深入挖掘和综合分析.

2.5　建立精算评估模型

在一定的评估目的下，依据收集到的数据和相关信息，建立评估模型，或者对过去已有的评估模型进行必要的修订，是精算评估的重要环节. 社会保险精算评估模型是分析不同保险项目在一系列不确定因素影响下未来可能财务结果的模型，这些不确定因素包括未来的人口和劳动力、参保人口、工资、缴费、待遇领取条件、待遇种类和水平、通货膨胀、投资利率、制度改革等各因素的变动. 在建立评估模型时，需要考虑数据的支持能力和计算机的运算能力.

精算评估模型可以是确定性模型，也可以是随机模型. 确定性模型基于给定的数据和假设，经过模型运算产生一组结果. 随机模型是以概率表示的数学模型，用于估计随机变量的均值和置信区间，其输出是与发生概率相关结果的一个范围. 确定性模型的输入数据包括统计数据和精算假设，输出结果是计划未来的年度收支和财务平衡状况. 养老保险的精算评估通常采用确定性模型，同时采用敏感性测试分析不同输入变量或精算假设的变动对分析结果的影响. 近年来，随机模拟被引入社会保险的精算评估. 例如，美国社会保障信托基金报告从 2003 起增加了随机模拟分析，对基金支出的分布进行研究，从而更好的把握未来风险对制度的财务影响.

2.6　精算假设的选择

运用精算模型进行评估，需要输入精算假设. 社会保险精算评估的假设涉及人口、经济和制度三个方面. 人口假设一般包括：人口生育率、死亡率、迁移率；经济假设一般包括：失业率、利息率. 工资增长率、收入分布、GDP 增长率等；制度假设包括：制度覆盖率、参保状态转移率、遵缴率、待遇调整指数等. 在运用精算模型进行评估时，需要对这些因素的未来变动作出假设，这些假设就是精算假设.

不同假设的设定建立在专门研究的基础上. 对未来人口生育率和死亡率的假设，建立在人口专家对人口发展规律相并研究的基础上，人口专家将人口政策、社会经济环境变化、生物学等因素结合起来，得出未来人口生育率和死亡率水平的可能变动趋势. 对未来经济发展水平的假设，建立在经济专家对未来经济走势研究的基础上. 精算假设往往是影响测算结果最重要的因素，一个在理论上完美的模型，如果输入不恰当的假设水平，就会得出错误的结论. 美国社会保障信托基金报告的精算假设由专家小组确定，专家小组由人口、经济、精算和社会保障等领域的专家组成. 在英国，精算师在假设设定上有更大的空间，他们依据过去的经验并参考人口、经济和制度方面的相关研究设定精算假设.

考虑到养老保险、医疗保险、工伤保险、失业保险、生育保险等社会保险项目具有不同的覆盖范围、缴费规定、待遇种类和标准等. 这里以养老保险为例展开说明. 其他类型保险的精算假设分别在后面相关章节中详细讨论.

2.6.1 参保人口假设

1. 覆盖率

覆盖率是用于衡量保险覆盖比率的指标，通常社会保险的参保人口应覆盖一个国家的全体劳动者. 在实践中，由于经济水平和社会保障发展水平的差异，有些制度规定的覆盖人口只有城镇劳动者，或者城镇从事正规职业的劳动者，有些养老保险专门针对公共部门的职工. 我国现行的社会保险制度覆盖的人口是城镇劳动者. 根据不同的目的，制度覆盖率可以是制度实际覆盖人口数与总人口数的比例，用于衡量制度覆盖总人口的比例；也可以是制度实际覆盖的劳动力人口数与劳动力人口的比例，用于衡量劳动力人口中参加养老保险的比例；还可以是制度实际覆盖人口数与制度规定的覆盖人口数的比例，用于衡量制度应覆盖人口中实际覆盖的比例等. 在养老保险精算评估中，覆盖率通常定义为养老保险覆盖的就业人口数与就业人口数的比例.

在覆盖人口中，有些人可能由于各种原因逃避缴费，使缴费人口小于覆盖人口，因此精算评估也经常采用缴费人口与就业人口的比例衡量覆盖率. 由于不同类型就业人口参保缴费率存在较大差异，通常分就业类型、年龄、年度分别计算覆盖率. 总覆盖率是各类缴费人口的总和在各类劳动力人口中的比例.

$$\text{分类覆盖率}(z,x,t)=\frac{\text{缴费人口}(z,x,t)}{\text{劳动力人口}(z,x,t)} \tag{2.1}$$

$$\text{总覆盖率}(t)=\frac{\displaystyle\sum_{z=1}^{n}\sum_{x=\text{最小年龄}}^{\text{最大年龄}}\text{缴费人口}(z,x,t)}{\displaystyle\sum_{z=1}^{n}\sum_{x=\text{最小年龄}}^{\text{最大年龄}}\text{劳动力人口}(z,x,t)} \tag{2.2}$$

其中，z, x, t 分别表示就业类型、年龄和年度，n 为就业类型总数，分类覆盖率(z, x, t)表明 t 年度 z 就业类型、年龄是 x 的覆盖率.

2. 参保状态变动

参保人员的状态包括就业、失业，缴费、未缴费等几种，在不同年度或者同一年度内的不同月份，几种状态可能发生转移. 例如，参保状态可能从就业缴费状态转变成失业缴费、失业未缴费或退出劳动力人口几种状态，也可能从失业缴费状态转变为就业缴费、失业未缴费或退出劳动力人口等几种状态. 一般情况下，将某年的参保人口分为参保缴费人口(active contributors)和参保未缴费人口(inactive insured persons)两类. 参保缴费人口指年度内缴费的参保人口，包括处于就业状态的参保缴费人口和处于失业状态的参保缴费人口. 参保未缴费人口是过去注册为参保人口，并因过去缴费积累了一定权益，但当年没有缴费的人群，包括失业未缴费人口和退出劳动力的人口. 精算模型和假设中需要将参保状态在年度内的转移考虑进来.

3. 新增参保和重新参保

社会保险的精算评估是在开放人口下进行的，需要考虑不断的新增参保人口和重新参保人口，需要考虑新增参保和重新参保人口的性别年龄分布. 这一假设通常根据过去的经验和对新增就业人口的预测作出.

2.6.2 缴费工资变动

缴费工资是参保缴费人员缴纳保费的工资部分，参保人员缴费数额等于缴费工资和缴费率的乘积. 为了保护高收入参保人员的利益，通常对收入高于某规定水平后的部分免征缴费. 缴费工资基数的确定与工资变动模式、收入分布模式、最高或最低缴费工资水平以及实际缴费占应缴费工资的比例等有关.

1. 工资变动模式

工资总水平的变动决定于 GDP 水平及其增长，劳动生产率及其增长，收入在劳动力和资本之间的分配水平等. 通常依据过去的 GDP 水平和增长率、工资水平及其在 GDP 中的比例，作出对劳动力总收入的预测. 依据对就业人数的预测，作出对平均工资水平及其增长率的预测.

对于参保个人，工资会随工龄增加、职位变动及工作业绩变化而发生变化. 通常用工资模式描述一批人在经历不同年龄时工资的变动模式. 工资模式通常以最低年龄参保人工资为基础，并将其单位化(通常设为 1)，随着年龄的增长，工资模式表示为不同年龄工资与最低年龄工资的比例. 例如，20 岁平均工资为 2000 元，21 岁平均工资为 2100 元, 22 岁平均工资为 2300 元等，如果以 20 岁工资为基础，设其工资模式为 1，这样 21 岁的工资为 1.05, 22 岁的工资为 1.15. 在一定的工资模式下，可以根据某年龄的平均工资或社会平均工资，推算出其他年龄的工资，用于对不同年龄缴费的预测.

如果将劳动生产率和通货膨胀率对工资的影响独立出来，设 x 岁的业绩工资为 $(\mathrm{SS})_x$, x 岁职工的当年工资 s_x，职工在 y 岁加入保险时的工资为 s_y，则有

$$s_x = s_y \frac{(\mathrm{SS})_x}{(\mathrm{SS})_y}(1+I+P)^{x-y}, \quad x>y \tag{2.3}$$

其中，I 为通货膨胀率使工资提高的比率，P 为劳动生产率使工资的增长率，$(SS)_x/(SS)_y$ 是工资模式指数.

2. 收入分布模式

收入分布模式表明不同收入水平人群的分布状况，在确定缴费上限时，需要对收入分布模式进行研究. 从国内外大量的理论研究和实证研究结论看，收入分布基本上都服从对数正态分布，即，收入变量的对数服从正态分布，对数正态分布的形状由均值和标准差决定，这两个参数可以通过经验数据来估计.

设缴费人群的收入为随机变量 X，且服从于同一对数正态分布，$\ln X = N(\mu,\sigma)$，假设共有 n 个缴费者，第 i 个缴费者所缴保费为 X_i，$i = 1, 2, \cdots, n$，则均值和标准差的估计值为

$$\mu = \frac{\sum_{i=1}^{n}\ln X_i}{n}, \quad \sigma = \sqrt{\frac{\sum_{i=1}^{n}(\ln X_i - \mu)^2}{n}}$$

设 $t = \ln X$，则对数正态分布的概率密度函数为

$$f_{\mu,\sigma}(t) = \frac{1}{\sigma\sqrt{2\pi}}\exp\left\{-\frac{1}{2}\left(\frac{t-\mu}{\sigma}\right)^2\right\}$$

对数正态分布是一种偏态分布，具有明显的右偏性质，其分布的均值大于中位数，表明收入低于平均水平的人数多于收入高于平均水平的人数. 劳动人口的收入分布是工资模式、同一年龄收入的分布模式和人口年龄分布的函数. 如果制度规定了缴费上限，则覆盖人口的工资分布会发生变化，高收入人群收入高于规定的水平后不记入缴费基数.

在考虑缴费上限的情况下，需要对缴费基数进行调整. 设缴费上限为 A，这时，调整系数可以按下式计算.

$$调整系数=\frac{\int_{-\infty}^{\ln A}\exp(t)f(t)\mathrm{d}t + \left[1-\int_{-\infty}^{\ln A}f(t)\mathrm{d}t\right]A}{\int_{-\infty}^{\infty}\exp(t)f(t)\mathrm{d}t} \tag{2.4}$$

2.6.3　经遵缴率调整后的缴费基数

由于失业和经济方面的原因，部分参保者在一个缴费期内不能完全履行缴费义务，使实际缴费减少，遵缴率描述了实际缴费人数在应缴费人数中的比例，不同性别和年龄参保人口的这一比例可能不同. 在缴费工资下，按照一定的缴费率和遵缴率，可以计算出人均实际缴费基数，在预测的缴费人数下，可以计算出总缴费基数.

$$\text{人均缴费基数} = \text{人均缴费工资} \times \text{调整系数} \times \text{遵缴率} \tag{2.5}$$

$$\text{总缴费基数} = \sum \text{第 } t \text{ 年第 } i \text{ 类人群的缴费人数} \times \text{第 } t \text{ 年第 } i \text{ 类人均缴费基数} \tag{2.6}$$

2.6.4　过去缴费年数

对于养老保险，待遇通常与缴费相关，只有满足相关缴费或缴税义务的参保人，才有资格领取养老金．为了鼓励缴费，养老金的数额通常也与缴费数额建立联系．例如，我国现行养老保险规定的最低缴费年数为 15 年，养老金待遇按实际缴费与社会平均缴费的比例指数化发放．对于与参保年数或过去服务年数挂钩的养老保险待遇，参保人通常不直接缴费或缴税，只要在制度覆盖下工作年限满足规定的标准就可以领取相应的养老金．我国过去的城镇职工养老保险制度以及现行的机关和部分事业单位职工的养老保险采取不缴费的覆盖模式．从不缴费覆盖转变为缴费覆盖的制度，需要估计过去制度积累的服务年数，并转化为视同缴费年数，用于测算转换为新制度的养老金待遇．

在精算评估中，通常先估计同一年龄过去缴费年数的分布．例如，评估年 50 岁的参保人口，其中 5%的人口拥有 10 年过去服务年数，6%的人口拥有 11 年的过去服务年数等，再预测未来缴费年数，得到退休前累计缴费年数．

2.6.5　死亡率

参保人口死亡率是人口预测的基础，通常依据参保人口经验数据编制．由于社会保险基本上覆盖全体从业人口或者城镇从业人口，其经验死亡表通常依据人口普查数据提供的劳动力人口或者从业人口数据得到，有时也直接采用人口生命表．

我国历次人口普查提供了编制人口生命表的基础资料，附录 3 中列出了几个人口生命表和从业人口生命表．

2.6.6　退休年龄分布

退休年龄是退休金开始领取的年龄，通常养老保险制度会规定正常退休年龄、最低退休年龄和最高退休年龄．正常退休年龄是制度规定的可以领取标准养老金的退休年龄，在正常退休年龄退休的参保者可以按制度规定的标准退休金水平领取待遇．最低退休年龄是可以开始享受退休养老待遇的最低年龄，在最低退休年龄退休的参保者，他们的养老金水平会相应降低．最高退休年龄是制度允许的最高退休年龄，超出这一年龄退休，养老金待遇不因参保年数的增加而增加．为了鼓励退休，有些国家甚至对超出一定年龄退休者的待遇按一定比例递减．

退休年龄分布是测算领取退休待遇的基础，通常按经验数据得出分性别年龄的退休分布，同时考虑未来就业、通货膨胀等因素对退休年龄分布的影响，作出未来分性别的退休年龄分布假设.

2.6.7 中途退出

在参保的缴费人口中，有些人由于残疾中途退出养老保险，开始领取残疾收入保险. 与死亡类似，中途退出也使参保人数减少，在精算评估中需要作出分性别年龄的中途退出率假设，这一假设通常根据经验数据给出.

2.6.8 待遇调整指数

待遇的定期调整，使待遇随时间逐步提高. 在精算评估中，需要对待遇的调整指数作出假设. 依据制度的规定，养老金及伤残、失业等待遇可能会随价格和工资指数的变动而自动进行指数化调整，也可能以价格指数和工资增长指数为依据，定期确定待遇调整指数. 精算假设应依据制度规定及过去待遇调整经验作出.

2.6.9 投资回报率

投资回报率应该依据社会保险基金投资渠道、投资组合以及对未来经济状况的预测作出. 由于投资回报率受未来经济环境和投资政策变动的影响，因此，需要在过去经验的基础上，考虑未来影响利率变动的因素作出投资回报率假设.

值得注意的是，不少国家的养老保险制度对参保者的遗属和未成年的子女也提供相应待遇，如果有这类待遇，需要在精算评估中预先设定参保者死亡后有遗属的概率、遗属的平均年龄、子女数量和年龄分布等精算假设.

假设变量之间常常并不是相互独立的，在假设设定时，需要同时考虑一组变量的变动. 例如，经济增长和技术进步会使劳动生产率提高，也会带动就业，促进工资的增长. 同时，当人口发展提供足够的劳动力参与就业市场时，会有充足的就业，就业人数决定了可能参加社会保险的人数. 在一定的缴费率下，缴费工资水平决定了缴费数额. 另外，工资水平与收入在资本和劳动力之间的分配有关，名义工资和名义利率受通货膨胀的影响.

需要指出的是，上面讨论的各种精算假设在设定上需要遵守一些基本原则，但国际上并没有统一的规定. 在美国，有关精算假设的标准由精算标准局颁布实施，有关社会保障的精算实务标准由精算学会下的社会保障委员会制订. 美国社会保障精算标准规定：精算报告应该说明假设的细节和假设的设置理由，如果是其他人作出的假设，应该披露来源和原因. 如果假设基于判断或过去的经验，报告应该表述假设的基础；如果假设不同于当前的趋势，应该说明假设变动的趋势；如果假设数据来源于外部，应该说明选择他们的理由；如果其他因素影响假设的变动也应该有所说明.

2.7　评估结果和敏感性分析

2.7.1　评估结果

将基础数据和精算假设输入精算模型进行运算，就可以得到关于制度的未来年度收支状况和其他财务结果. 根据研究目的，有时输出也可能是月度收支结果，如一些短期现金流量测算，输出结果是每月的收支. 通常，精算评估报告可以分为人口和财务两部分内容. 人口预测结果一般包括缴费人口、各种类型待遇领取人口、待遇领取人口与缴费人口的比例也就是制度抚养比等. 在现收现付制度下，这一比例随着人口老龄化逐步提高，从而反映制度成本率逐步上升的趋势. 财务预测结果通常包括缴费收入、投资收入、其他收入、各类支出以及准备金比率等.

社会保险精算评估的输出结果通常包括以下内容：

(1) 参保人口、缴费人口、待遇领取人口、制度抚养比；

(2) 缴费工资总额、缴费收入总额、待遇支出总额；

(3) 预测期内未来年度平均缴费、平均待遇、平均替代率；

(4) 预测期内未来年度现收现付下的成本率；

(5) 预测期内未来总支出以及分类支出在 GDP 中的比例；

(6) 预测期的平均收支比例；

(7) 在当前缴费率下预测期累积准备金；

(8) 预测期的准备金比率，反映准备金与年度支出的比例；

(9) 资本积累比率，反映实际资本积累与准备金的比例；

(10) 政府补贴数额及其在总支出或总缴费收入中的比例.

2.7.2　精算评估结果分析指标

精算评估常采用一些指标反映被评估对象的财务状况，这些指标在分析计划的偿付能力、待遇水平、覆盖范围、缴费负担等方面具有重要的作用. 当然，在不同的评估目的下，分析指标的选择是有差异的.

精算分析的指标可以分为人口指标和财务指标. 人口指标通常包括制度抚养比、覆盖率、缴费比率等.

(1) 制度抚养比是制度内待遇领取人口与缴费人口的比例，反映平均每一个缴费者负担的待遇领取人数. 这一指标与人口抚养比对比，可以看出制度内人口老龄化和全国人口老龄化的不同程度，发现制度潜在的人口趋势.

(2) 制度覆盖率是参加制度的人数与按法律规定应该参加制度人数的比例，反映制度实际覆盖了应覆盖人口的比例.

(3) 缴费比率是实际缴费人数与应缴费人数(缴费和不缴费)的比例, 反映缴费人群的实际比例.

财务指标包括现收现付缴费率、平均收支比率、总支出占 GDP 的比例、精算平衡值、准备金比率、基金率、平均养老金替代率、准备金耗尽年份等.

(1) 现收现付缴费率是被评估项目总支出在总缴费工资收入中的比例, 这一比率也正是计划在现收现付融资方式下, 为满足支出必须的缴费率, 这一指标在不同时间的对比, 可以看出计划成本率的变动情况.

(2) 平均收支比率是未来缴费(包括未来新参保人口缴费)收入现值与评估日准备金之和在未来待遇支出现值中的比例. 这一指标反映了如果按当前缴费水平, 缴费和准备金积累满足未来支付的能力;

(3) 总支出占 GDP 的比例反映养老保险支出在国内所有产品和服务价值的比例;

(4) 精算平衡值是收入率和成本率的差, 表明收入满足成本支出的能力.

(5) 准备金比率是准备金在计划年度支出中的比例, 反映如果计划没有缴费和投资收入时, 计划积累的准备金能够维持支付的年数.

(6) 资产负债比是计划积累的准备金占计划负债的比率, 表明计划基金积累的程度.

(7) 平均养老金替代率是平均养老金与平均缴费工资的比例, 反映计划提供的待遇替代缴费工资的比例.

(8) 准备金耗尽年份是按照计划规定的缴费率, 在没有其他融资方式下, 计划到达收支平衡需要的年数.

2.7.3 敏感性分析

在确定性模型下, 输入基础数据和精算假设可以得到评估结果, 而评估结果所依据的精算假设实际上建立在精算师在评估日对未来的判断上, 这种预先的判断可能偏离将来的实际情况, 如果将来发生了偏离假设的情况, 评估结果就会偏离实际. 为了反映精算假设的变动对评估结果的影响, 需要进行精算假设变动对评估结果影响的敏感性分析.

考虑到评估成本, 敏感性分析一般对成本影响较大的因素进行, 有时也对确定假设时数据不充分的因素或者一些难以把握的因素进行敏感性分析. 例如, 评估日可能面临经济环境不稳定, 未来就业难以预测的情况, 这时需要对劳动力就业水平这一因素进行敏感性分析.

敏感性分析的变量通常包括: 生育率、死亡率、迁移率、经济增长率、就业率、价格增长、实际工资增长、实际投资回报率、退休实际年龄等. 通常把评估给出的假设水平作为居中假设或者最好估计假设, 再根据对假设因素的研究, 分别给出低于和高于居中假设的乐观假设和悲观假设，即假设未来发生了有利于和不利于未来财务状态的情况，分别将乐观假设和悲观假设代入模型，就可以得出在不同假设下的财务结果. 对比在乐观假设、居中假设、悲观假设下评估结果，也可以看出不同假设变动对结果的影响程度.

敏感性分析通常分别对单个假设进行分析，即在一次敏感性测试中，只变动其中的一个因素，其他因素保持原来的居中假设，测试结果表明所测试的这一因素变动对结果变动的影响. 考虑到精算假设之间的相互联系，有时也对一组假设变动的结果进行测试，这时，将评估中采用的假设设置为基础假设组或者称为基础情景，把基础假设组看成最可能发生的情景，在此基础上，考虑假设之间的相关影响关系，调整假设组中某些因素，设置乐观和悲观假设组，分别测试不同假设组下的财务结果. 由于假设组的设定需要考虑不同假设之间的相互联系，相对来说比单因素敏感性分析更为复杂.

第 3 章　社会保险在不同融资模式下的收支平衡关系

从国际经验看，社会保险在融资上有三种模式，即现收现付制、基金积累制和混合制. 在三种不同的融资模式下，社会保险的收支平衡关系有所不同，不同的收支平衡关系使精算评估模型的框架存在差异. 本章讨论社会保险不同类型的融资模式及其特点，以及在不同融资模式下的收支平衡关系.

3.1　社会保险的融资模式

所谓社会保险的融资制度是指依据一定的原则来确定缴费率，以取得一定的保险费收入，用以满足保险保障需要，并保证保险制度财务稳健发展的一项制度. 社会保险的融资模式可以分为现收现付制、基金积累制和混合制三种.

任何社会保险融资制度的最终目标是保持财务上的收支平衡. 从时期长度上，收支平衡可以分为短期平衡和长期平衡. 如果收入和支出在当年相等，表明制度在年度内平衡；如果在某个给定的时点上，未来 n 年内各年支出的现值等于各年收入的现值与 t 时点已积累的基金之和，那么这个制度在 n 年内就达到了平衡. 一般当 $n \geqslant 10$ 时，称为长期平衡. 从平衡方向上，收支平衡可以分为横向平衡和纵向平衡. 横向平衡是指某时期内(通常是一年内)参保人的缴费用于同一时期出险人的待遇发放，所有参保人共担风险，使风险在参保人之间分散；纵向平衡是指所有参保人在保险期间的各年度内共担风险，使风险在不同参保人之间和不同年度之间再分配，使保险期间内某一时点积累的资金与积累的债务相平衡. 社会保险的保险期间覆盖从参保到退出保险的年份，通常人们从达到一定年龄开始就业，就业后满足一定参保资格开始加入社会保险，一直到退出或死亡才退出保险，因此，一个保险期间的长度通常长达几十年. 在这几十年内，纵向平衡需要实现参保个人或参保集体在未来所有年度内的缴费现值与待遇支付现值的平衡.

纯粹的现收现付制采用的是短期横向平衡模式，追求年度内的收支平衡，年度风险在年度内分散和共担，以年度支出决定年度收入. 养老保险的现收现付制实现了收入的代际再分配，医疗保险的现收现付制实现了收入从疾病风险低的人群向风险高的人群的再分配，失业保险的现收现付制实现了全体参保人对失业者收入的再分配等. 基金积累制采用的是纵向平衡模式，建立了负债与资产的对应关系，使任何时点积累的资产与积累的债务平衡，使制度承诺的赔付责任与制度未来的缴费收入和累计基金相对应. 而混合制采取的是长期横向平衡模式, 是介于现收现付制和完全基金制之间的一种制度, 依照积累率的水平, 理论上存在无数种混合制模式. 从国际经验看, 养老保险、医疗保险、工伤保险、失业保险、生育保险等五类社会保险多数采取现收现付制或者有一定准备金积累的混合制, 也有一些国家的养老保险和医疗保险采取基金制.

3.1.1　现收现付制

现收现付制(pay-as-you-go)是指以参保一代人的缴费或税收收入支付同时期社会保险福利领取人的制度.

对于养老保险, 同时期的参保缴费人员是年轻的在职人员, 福利领取人员是已退休的老年人, 因此, 养老保险的现收现付制同时具备短期平衡和横向平衡两个特点. 短期平衡指当年内制度所筹集的资金总和与制度所需要支付的费用总和保持平衡. 由于制度是短期平衡的, 没有基金积累, 因此不必担心利率波动和通货膨胀引起的基金贬值. 横向平衡是指制度是一种代际转移的分配模式, 也就是由同时期在职一代供养已退休一代的制度, 这种制度的互济性较强. 同时, 由于制度的年收入等于年支出, 制度的缴费率是制度抚养比和养老金替代率的乘积. 而由于养老金收入替代刚性的特点, 养老金一般调高不调低, 因此随着人口老龄化程度的加剧, 制度抚养比提高, 制度收支平衡的缴费率也将随之提高. 缴费率的提高, 意味着劳动力成本上升和失业的增加, 对于企业来说, 这会影响企业的财务稳定, 削弱企业竞争能力. 在这种情况下, 逃费现象将变得严重, 国家对养老金的支付承诺将难以兑现. 同时, 代际转移支付会使不同时期加入制度的人员的缴费和收益失衡, 不适当的代际转移会造成矛盾冲突.

对于医疗保险, 纯粹的现收现付制下, 每年筹集的医疗保险基金全部用于支付当年的医疗费用, 也就是每年单位和个人的医疗保险缴费及其利息收入正好满足当年医疗保险费用支出的需要, 没有结余, 从而没有基金的投资风险和贬值风险. 由于老年人的疾病风险更高, 医疗费用更大, 因此与养老保险类似, 现收现付制的医疗保险可以实现医疗费用的代际转移, 以及风险的共担和收入的再分配.

对于工伤保险、失业保险、生育保险, 现收现付制同样实现了风险的共担和分散, 实现了收入从广大参保缴费者到出险者的再分配. 工伤保险实现了从工伤风险较低人群向工伤风险较高人群的再分配, 失业保险实现了从就业人群到失业人群的再分配, 生育保险实现了从非生育人群向生育人群的再分配. 这种再分配, 不一定是不同代人之间的再分配, 而是不同风险程度人群之间的再分配, 以及出险人和非出险人之间的再分配.

3.1.2　完全基金制

完全基金制是通过建立与计划负债相对应的资金, 以积累的资金和未来的缴费收入应对未来待遇和费用支付的制度. 与现收现付制不同, 完全基金制具有长期平衡和纵向平衡两个特点. 首先, 这种制度在财务上是长期平衡的, 制度缴费率的确定建立在科学预测的基础上, 由于预测时间较长, 缴费率不需经常调整. 为保持长期平衡, 制度一般会积累数额较大的基金, 基金运用得当, 不仅可以带来丰厚的收益, 也可以促进资本市场的发展. 其次, 这种制度是纵向平衡的, 自济功能较强, 完全基金制保证了在任何时点上制度所积累的基金与积累的债务相对应, 也就是说积累的基金足以应付因社会保险作出的待遇支付承诺而积累的负债. 完全基金制的困难主要在于积累基金的增值问题. 由于通货膨胀和利率波动的影响, 制度积累的基金存在贬值的风险. 在资本市场不完善的情况下, 也很难找到合适的投资渠道, 难以实现基金的增长. 另外, 完全基金制缴费率的确定需要对未来的经济状况、人口结构等进行预测, 当预测与实际情况有偏差时, 制度的收支将失去平衡, 从而需要重新调整缴费.

对于养老保险, 完全基金制可以采取缴费确定模式, 也可以采取给付确定模式. 采取缴费确定模式时, 通常雇主和雇员个人按工资的一定比例或某一固定数额定期向养老基金缴费, 缴费和基金投资收益通常计入个人账户, 职工退休时, 个人账户余额归个人所有, 可以通过转换成年金的方式实现退休后的定期收入保障. 采取给付确定方式时, 通常根据雇员的工作年数和工作期间的工资水平预先承诺养老金待遇水平, 养老保险由承诺的待遇积累了债务, 缴费根据精算原则确定, 缴费不断积累, 积累的资金与积累的债务完全对应, 使养老保险成为完全基金制. 实际中, 由于给付确定型的缴费水平需要根据积累的债务调整, 而缴费通常又在一定时期内保持稳定, 因而出现债务与资金积累的差距很常见, 如果经过一定时期的调整, 使基金和债务相对应, 那么计划从总体上说仍然是完全基金的. 如果积累的基金长期以来小于积累的债务, 并且短期内不能改变这种状况, 此时计划处于不完全基金状态, 或者说是部分基金状态, 也就是后面将要讨论的混合基金中的一种.

对于养老保险, 基金积累制是以缴费期间的储蓄积累支付退休后养老金的制度, 因而, 实际上是收入在生命周期的再分配. 如果基金积累制采取缴费确定的个人账户方式, 收入在个人生命周期的再分配显而易见. 人们在年轻时, 把收入的一部分积蓄起来, 包括雇主以各种方式为他们个人账户的缴费. 为了保持这些积存金的购买力, 个人账户形成基金, 在资本市场上投资获得收益, 个人退休时将获得全部个人账户累积额, 用于退休后的生活消费开支. 基金积累制采取缴费确定的个人账户方式时, 只存在个人生命周期的收入再分配, 没有不同代和不同收入水平人群间的收入再分配. 如果基金积累制采取给付确定方式, 养老保险的缴费需要与所有未来的给付承诺相对应, 从个人生命周期看, 在工作期间的缴费积累不一定与退休后的享受完全对应, 从而不同收入水平职工之间存在收入再分配. 比如，以固定数额规定养老金水平，而以工资的某一比例缴费，收入就会从高工资职工向低工资职工再分配；但从整个养老保险看，积累的缴费与承诺的给付相对应，收入从在职期间向退休期间再分配．因此，基金积累制下提供的养老金也可以看作是一种延迟的工资支付．

对于医疗保险，采取完全基金制时，需要依据对参保人未来医疗费用的预测，按照参保人未来医疗保险费用支出现值与未来保费收入现值平衡的原则确定缴费率．保费及其投资收益用于支付医疗费用，结余的部分用于建立准备金，准备金的水平应该与未来的赔付责任相对应，也就是需要保证积累的准备金与未来保费之和足以满足未来医疗费用支出的需要．否则，完全基金制的医疗保险将面临准备金不足和偿付能力不足的问题．完全基金制的医疗保险使医疗风险在整个保险期内分散，存在不同参保人之间以及同一参保人不同时间上风险的共担和分散．

对于工伤保险、失业保险、生育保险，一般采用现收现付制或混合制，很少采用完全基金制．

3.1.3　混合制

混合制是介于完全基金制与现收现付制之间的模式，是现收现付制与基金制的组合，有时也称为部分基金制．依据组合的程度，可以分为以下几种情况：一种是在现收现付制基础上增加预防未来支付风险的准备金，使年度平衡的纯粹现收现付制变成具有一定基金积累的混合制．在这种混合制下，基金积累的规模一般不大，通常目标基金积累足够支付下一年的支出，也就是使年末基金率达到 100%．在实践中，这类混合制模式通常被归类在现收现付制下．另一种是过去实行完全基金积累制的计划，其积累的资产不足以应付积累的债务，部分支出需要依赖当期的收入，这种情况持续下去将发展成为部分基金制．第三种是将一个计划分为两部分，一部分采取现收现付制，另一部分采取基金积累制，采取现收现付制的部分与采取基金积累制的部分分别管理，独立核算，从而实际上是分别采取现收现付制和基金积累制的两个不同计划．

在实践中，社会保险制度由现收现付制向基金积累制转轨时，由于一次性填补过去现收现付制积累的债务非常困难，通常选择保留一部分现收现付制，同时建立基金积累制，从而实际上是形成了两种不同的融资制度．

对于养老保险，混合制下，保险费的收缴是在测算当年或近几年养老保险支出需求的基础上，按一个高于满足去年需要的缴费率收取，筹集资金的一部分用于当年支付，另一部分沉淀形成资金储备，以满足未来由于人口老龄化等因素引起的养老金支付负担增加的需要．这种融资模式的特点是代际转移支付与储备积累并存．相对于现收现付制的无基金积累而言，部分基金制有了一定的基金沉淀，有利于促进资本市场发展并抵御人口老龄化的冲击；相对于完全基金制的庞大积累基金而言，部分基金制下基金规模较小、增长较慢，因此基金的投资风险和贬值压力也较小. 在开始建立混合制时, 如果制度抚养比较高, 这时满足现收现付制的缴费率可能已经很高, 这种情况下, 继续提高缴费率以形成基金积累往往是不现实的. 因此, 部分积累制应在制度负担不是很重的时期建立, 这样, 当人口结构老化、养老金支付增加时, 才可能有足够的积累基金保证在不增加缴费一代负担又不减少退休一代养老金领取水平的情况下使制度仍能正常运行. 我国现行的社会养老保险采取社会统筹与个人账户式相结合的制度, 社会统筹采取现收现付制, 个人账户采取基金积累制, 从而, 实际上是用两种不同的融资制度形成两个养老保险的支柱, 分别承担不同的养老功能.

对于医疗、工伤、失业、生育等社会保险, 主要采取在现收现付制基础上增加准备金的混合模式, 以预防未来的支付波动风险. 我国的医疗保险也采取社会统筹与个人账户相结合的模式.

3.2 现收现付制下的收支平衡关系

理论上, 完全的现收现付不需要积累任何基金, 每年的缴费等于每年的支出, 或者说每年的缴费根据每年的支出确定.

以养老保险为例, 现收现付制下的收支平衡关系用公式表示为

$$t\text{年养老金支出}=t\text{年养老保险费收入} \tag{3.1}$$

由于养老金支出等于人均养老金水平与退休人数之积, 养老保险费收入等于人均缴费和缴费人数之积, 从而上面的公式成为:

$$\text{人均养老金}\times\text{退休人数}=\text{人均缴费}\times\text{缴费人数}$$

这样,

$$\text{人均缴费}=\text{人均养老金}\times\frac{\text{退休人数}}{\text{缴费人数}}=\text{人均养老金}\times\text{抚养比}$$

假设缴费完全以工资为基础, 把上面的收支平衡公式两边同除以人均工资, 可以得到下列等式:

$$\frac{\text{人均缴费}}{\text{人均工资}}=\frac{\text{人均养老金}}{\text{人均工资}}\times\text{抚养比}$$

人均养老金水平与人均工资之比是养老金的平均替代率, 从而有

$$\text{人均缴费率}=\text{人均养老金替代率}\times\text{抚养比} \tag{3.2}$$

可见, 在现收现付制下, 缴费水平等于替代率与抚养比之积. 也就是说, 在一定的替代率下, 缴费率与养老保险计划的抚养比成正比, 抚养比越高, 所需的缴费率就越高. 从而, 随着人口老龄化及由此产生的养老保险计划内人口抚养比的提高, 现收现付制的缴费负担必然加重.

3.3　完全基金制下的收支平衡关系

在完全基金制下，在保险项目下积累的基金要与积累的债务保持平衡. 设 t_0 为建立计划的时点，在完全基金下，如果考虑费用，收支平衡关系表现为

$$t_0\text{时点未来保费现值}=t_0\text{时点未来保险金支出现值}+t_0\text{时点未来费用现值} \tag{3.3}$$

在任意时点 t 上，

$$\begin{aligned} & t\text{时点过去准备金}+t\text{时点未来保费现值} \\ &= t\text{时点未来保险金支出现值}+t\text{时点未来费用现值} \end{aligned} \tag{3.4}$$

对于养老保险，完全基金制下，需要测算正在领取养老金人员的养老金现值，在职人员已积累的养老金权益现值，评估日累积基金额，以及在规定的缴费水平下未来缴费现值等. 其收支平衡关系如下：

$$\begin{aligned} & \text{已退休人员养老金现值}+\text{在职参加人员已积累的养老金权益现值} \\ &= \text{评估日准备金数额}+\text{制度规定的未来缴费现值}. \end{aligned} \tag{3.5}$$

只要制度能够保持上面的平衡关系，养老金基金积累及未来缴费就能够应付未来的待遇发放，养老基金就是精算平衡的.

3.4　混合制下的收支平衡关系

在混合制下，依混合制的不同类型，其基金收支平衡关系的表现形式不同.

在现收现付制基础上增加准备金的混合制，收支平衡关系是在原来平衡关系上增加一个目标准备金水平，其平衡关系表示为

$$(t-1)\text{期末准备金}+t\text{期保费收入}=t\text{期末准备金}+t\text{期保险金支出}. \tag{3.6}$$

其中，准备金规模小于在完全基金下的负债，如果准备金规模达到完全基金下的负债水平，则转变为完全基金制.

$$\begin{aligned} t\text{期保费收入} &= t\text{期保险金支出}+(t\text{期末准备金}-(t-1)\text{期末准备金}) \\ &= t\text{期保险金支出}+t\text{期准备金增加}. \end{aligned} \tag{3.7}$$

t 期准备金增加可能为正值也可能为负值.

采取社会统筹基金和个人账户基金相结合的混合制社会保险，应分别核算采取现收现付制的社会统筹基金和采取基金积累制的个人账户基金.

混合制的保费模式可以分为阶梯保费、准备金比率、长期平衡三种模式.

3.4.1　阶梯保费模式

阶梯保费模式是指保费率在一定时期内，如 10~20 年保持不变，然后根据一定

的准备金要求，在接下来的时期内将保费调整到一个较高的水平，再在一定时期保持不变，如图 3-1 所示．保费在前 20 年内保持不变，从第 21 年起保费调整到一个较高的水平并在接下来的 20 年内保持不变，从第 41 年起又调整到一个更高的水平，并在接下来的 20 年内保持不变．

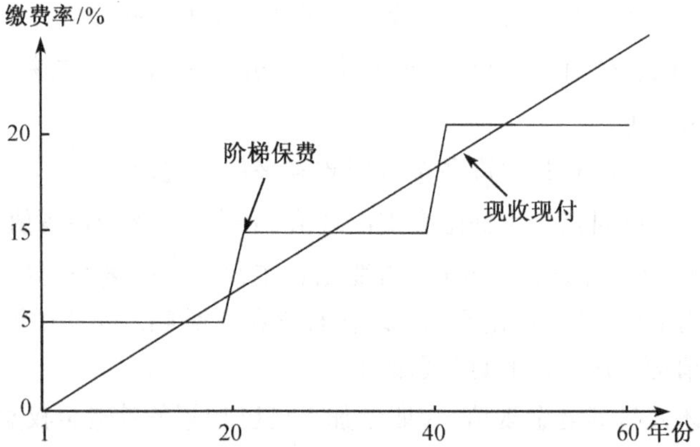

图 3-1　阶梯保费下缴费率的变动模式

在阶梯保费下，在稳定的缴费期间，社会保险的缴费及其投资收益足以满足对待遇支付和管理费用的支出需求，同时准备金水平应在稳定的缴费期内保持不变或者至少不减少．对于养老保险，在人口老龄化的情况下，即使不提高养老待遇水平，养老保险的支出成本也将逐步提高，这样，要既能够满足在稳定缴费下对待遇不断增长的需要，又要保持养老保险准备金规模的不降低，就需要在前一个稳定缴费期内积累足够的准备金，同时准备金的长期投资能够赚取稳定的回报，以补偿不断增长的支出需要．

在人口日益老龄化的情况下，阶梯保费能够使缴费率在一定时期内保持相对较低的水平，并在更长的时期内逐步提高保费，从而容易被参保单位和个人理解和接受，也给政府调整保费留有足够的时间，在政治上也容易操作．但是，由于保费在过去的 10~20 年内保持稳定，如果在接下来的年份提高保费，也会面临来自各方面的压力，政府可能出于政治方面的考虑没有及时调高保费，从而使未来的缴费压力进一步提高，准备金积累迅速下降，未来制度的偿付能力面临困境．同时，养老基金的投资也决定于经济对投资的吸纳能力，如果经济对投资的吸纳能力降低，养老金准备金的投资回报会相应降低，也会影响制度的未来偿付能力．

3.4.2　准备金比率模式

准备金比率模式是在一定时期内保持准备金比率不变的保费模式．准备金比率是年度末准备金数额与下年度支出的比率，用于衡量年末准备金积累能够满足下年度支付的程度. 准备金比率等于 1, 表明不考虑当年的缴费和投资收入, 年末积累的准备金正好满足下一年度的支出需要.

对于养老保险, 在准备金比率模式下, 需要考虑养老保险的参保人口结构及其变动趋势, 养老保险在现收现付制度下成本率的变动趋势, 调整缴费率的时间间隔, 养老金精算评估的时间间隔等因素; 同时应该考虑参保单位和个人的缴费能力以及政府财政的支持能力, 金融环境对准备金投资的吸纳能力, 政府调整缴费水平政策上的合理时间间隔等问题.

采取控制准备金率模式的国家, 通常将准备金比率控制在 1~2 的水平上, 也就是积累的准备金能够满足未来 1~2 年的支出, 以应付经济变动带来的待遇下降和缴费不足的风险, 同时也给政府在调整缴费率上留有空间.

例如, 加拿大养老保险在第 15 次精算评估后, 确定在 2016 年后采用所谓的 "15 年公式" 确定缴费率. 该缴费率公式规定: 从 2016 年起, 缴费率每年增加相同的比率, 并且每 5 年对每年增加的缴费率水平进行重新修订, 保证在 15 年内后准备金率至少等于 2, 也就是累计准备金等于下年度支出的 2 倍. 再如, 日本的雇员养老保险, 依据 1994 年的精算评估结果, 规定以后每 5 年按相同的水平调整一次缴费率, 同时保证准备金比率不低于 1. 美国的社会保障精算检验要求准备金比率至少等于 1, 才能通过短期偿付能力检验.

3.4.3　长期均衡保费模式

长期均衡保费模式是指在长期评估期内, 保持保费率恒定不变, 同时保费和投资收入能够满足待遇和费用的支出需要的一种模式. 长期评估期长度通常为 50 年以上, 英国社会养老保险长期精算评估的时期长度是 60 年, 美国社会保障长期精算评估的时期是 75 年.

如果在评估日没有准备金积累, 在长期均衡保费模式下, 评估时点未来的待遇支付现值等于未来的缴费现值, 未来缴费现值等于未来参保人员工资现值和缴费率的积, 未来待遇现值包括评估期内未来对已退休人员和将来退休人员的待遇支付. 从而有

$$\text{未来支出现值} = \text{缴费率} \times \text{未来参保人工资现值} \tag{3.8}$$

$$\text{缴费率} = \frac{\text{未来支出现值}}{\text{未来工资现值}} \tag{3.9}$$

如果评估时点有过去积累的准备金, 应该从未来支付现值中减去评估日积累的准备金, 等式左边成为未来支付净责任, 这样, 长期恒定的缴费率按下式计算:

$$\text{缴费率} = \frac{\text{未来支出现值} - \text{评估日准备金}}{\text{未来工资现值}} \tag{3.10}$$

理论上, 按长期均衡保费率征收的保费可以保证未来长期内的收支平衡. 对

于养老保险，在人口老龄化的情况下，评估开始时期的长期均衡保费率会高于现收现付下的保费率，高出的保费部分会形成准备金积累. 随着现收现付保费率的提高，在后期，均衡保费率将低于现收现付保费率，均衡保费的保费收入不足以应付当期收入，需要逐步动用过去积累的准备金，到评估期末，当年缴费和准备金积累正好满足当年的支出. 由于长期均衡保费需要在长达 50 年以上的年度内均衡保费，而未来影响待遇支付和缴费征收的可变因素很难预先控制，因此在实践中很少直接采用，但在精算报告中，通常用长期均衡保费率反映各种可能的影响对长期平均保费的影响，从而为决策提供依据. 长期均衡保费模式下的缴费率变动模式如图 3-2 所示.

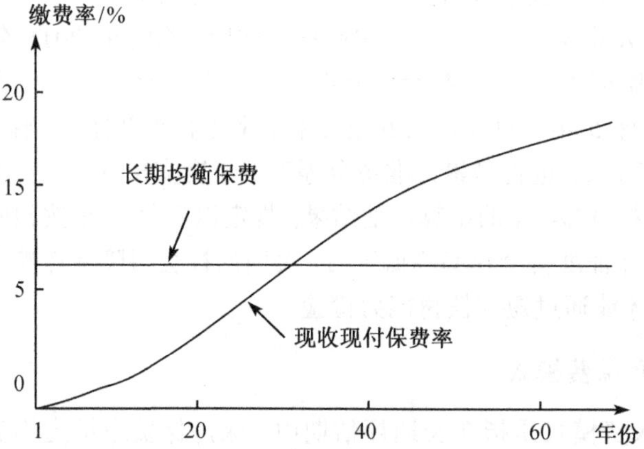

图 3-2　长期均衡保费模式

第 4 章　养老保险精算管理

养老保险精算管理系统是社会保险精算管理系统的子系统. 该系统包括了明确养老保险精算管理的风险问题、精算评估的模型体系、精算假设的选择、基础数据的收集与整理、评估结果表述与反馈等环节. 其中, 养老保险精算评估模型涉及人口与经济预测, 涉及不同融资方式下对未来现金流和资产负债的评估, 从而由若干子模型构成. 本章在简要介绍我国社会养老保险基本状况的基础上, 重点研究养老保险精算管理的总体模型框架, 人口和经济预测子模型, 现收现付制隐性债务和转轨成本的评估模型及其应用, 社会统筹基金未来现金流预测模型及其应用, 个人账户收支平衡模型及其应用等, 最后基于实际数据, 对我国养老保险的隐形债务和未来基金收支状况作出评估, 并给出相应的结论和建议.

4.1　我国社会养老保险的基本状况

在国企改革和人口老龄化的双重压力下, 我国从 20 世纪 80 年代开始对养老保险制度进行改革. 1993 年, 明确了城镇职工养老保险实行社会统筹和个人账户相结合的制度. 1995 年, 国务院发布了《关于深化企业职工养老保险制度改革的通知》(国发[1995] 6 号), 并同时下发了两套不同的具体操作方案, 允许各地区自由选择和适当修改, 这在实践中导致了各地区在实施方案上的较大差距. 1997 年, 国务院发布了《关于建立统一的企业职工养老保险制度的决定》(国发[1997] 26 号), 要求实行不同方案的地区向统一方案过渡. 统一方案要求企业缴费不超过企业工资总额的 20%, 个人账户按个人工资的 11%建立, 其中个人缴费要逐步达到 8%, 其余部分由企业缴费补充. 个人账户养老金的月标准为退休时个人账户累积额除以 120, 基础养老金为当地上年职工社会平均工资的 20%. 对于统一制度实施后已退休的“老人”, 养老待遇不变. 为了体现对过去工作贡献的补偿, 对于统一制度实施时已有一定工龄积累但尚未退休的“中人”, 在基础养老金和个人账户养老金之外, 还有一部分过渡性养老金. 随着人口老龄化和养老金待遇的逐步攀升, “统账结合”的社会养老保险制度正在面临越来越严重的支付赤字, 同时也在积累着更加沉重的未来养老金债务. 2000 年 12 月, 国务院发布了《关于完善城镇社会保障体系的试点方案》(国发[2000] 42 号), 试点相继在东北三省展开, 其重心是做实个人账户. 2000 年, 在辽宁省实施了以“做实个人账户”为重点的改革试点. 2004 年, 试点进一步扩大到黑龙江省和吉林省. 2005 年 12 月, 在总结养老保险改革试点经验的基础上，国务院发布了《关于完善企业职工基本养老保险制度的决定》(国发[2005] 38 号)，规定了个人账户实行实账积累，缴费额从原来缴费工资的 11%降低到 8%，并全部由个人缴费形成，个人账户在退休后的养老金决定于个人账户在退休时的累计额可以转换为生存年金的数额，缴费达到和超过 15 年的发给基础养老金，基础养老金月标准以当地上年度在岗职工月平均工资和本人指数化月平均缴费工资的平均值为基数，缴费每满 1 年发给 1%. 做实个人账户意味着必须填补过去个人账户的空账部分，今后的个人账户基金与统筹基金严格分离，并实行实账积累，个人账户养老金不再由政府担保，个人账户养老金的风险完全由个人承担.

按照 2009 年人力资源和社会保障事业发展统计公报, 2009 年底, 全国参加城镇基本养老保险的人数为 23550 万人，其中，参保在职职工 17741 万人，约占城镇就业人口的 57%，占全国就业人口的 23%，参保离退休人员为 5807 万人，约占城镇和全国 60 岁以上老年人口的比例为 2/3 和 1/3. 参保在职人员与离退休人员的赡养比约为 3:1. 从全国养老保险的参保状况看，各省市的养老保险已基本覆盖了所有城镇企业职工，绝大多数省份也将个体工商户和灵活就业人员纳入到养老保险的覆盖范围，不少地区将农民工以及失地农民纳入了城镇企业职工养老保险的保障范围.

随着养老保险的扩面和养老保险费征缴比例的提高，养老保险基金收入在过去几年呈上升趋势. 但伴随着新增退休人口的增加以及退休人员养老待遇的提高，养老保险基金支出也在持续增长，中央和地方财政用于养老保险的补贴逐年增加. 2009 年，全年城镇基本养老保险基金总收入 11491 亿元，其中征缴收入 9534 亿元，各级财政补贴基本养老保险基金 1646 亿元. 年末基本养老保险基金累计结存 12526 亿元.

4.2　养老保险精算评估的模型框架

4.2.1　精算评估的内容

养老保险财务收支和精算估计的内容主要是未来各年的收支预测、偿付能力评价和计划基金状况估计. 在对参加养老保险人口的数量和结构、工资水平、利率水平、待遇标准等作出预测和精算假设的基础上，可以对未来收支状况作出预测.

在预测估计中，对未来年度收入额和成本额的估计是最基本的预测分析. 当年成本大于年收入时，年度支付出现赤字，如果没有过去积累的资金补偿赤字，养老保险将面临支付困难. 年成本额和年收入额是一个绝对数，受价格因素的影响，不能进行不同时期的对比分析，需要引入成本率、收入率和年度精算平衡值的分析方法，用于对比分析养老保险的年度财务收支状况. 在长期分析中，通过计算和对比预测期内的综合收入率和综合成本率，估计养老保险在长期内收支的精算平衡状态.

最后通过对比计划积累的债务与积累的资产，分析计划的基金状态.

值得注意的是，养老保险在不同的融资模式下，其精算平衡关系不同，精算评估的内容也不同. 在特定的养老保险融资模式下，不同目的的精算评估，其评估的内容也有差异. 在现收现付融资方式下，由于没有基金积累，年收入等于年支出，但预先承诺的给付不断地积累着隐性债务，因此，需要评估年度收入、年度支出、年度收支差距，以及隐性债务的积累规模. 在混合制下，有一定的基金积累以应付未来年份的收支差距，当年的成本从年初基金中开支，因而需要估计年初基金支付年成本的能力，同时估计在长期内收入水平与成本开支的差距，以及积累的精算债务与积累的基金的差距；在完全基金方式下，除了对年度收支水平和长期收支平衡进行估计外，还需要预测在保持完全基金状态，即保持积累的资产与积累的债务相等时，成本的变动.

我国养老保险在不断的改革探索中，逐步明确了要建立一个现收现付的社会统筹基金与实账积累的个人账户基金，并把两者结合起来，形成在基本养老保险下的两个层次，实现基本养老保险的待遇目标. 在实际运行中，各省仍采取国发[1997]26 号文规定的制度模式，统筹基金与个人账户基金没有严格分离，个人账户养老金按账户在退休时的余额除以 120 计算，从而长寿者在用尽个人账户余额后，需要由社会统筹基金支付个人账户养老金. 有些省正在试点国发 [2005] 38 号文的制度模式，社会统筹基金采取现收现付制，基金收入主要来源于单位养老保险缴费和财政补贴，基金支出用于非个人账户养老金待遇的发放，社会统筹基金不再为长寿者支付个人账户养老金；个人账户基金实账运行，投资独立管理，基金自我平衡，基金收入来源于个人缴费和累计基金的投资收益，支出用于个人账户养老金发放.

4.2.2　精算估计的模型框架

养老保险的精算估计需要对人口总数和结构以及参加养老保险人口数量和结构进行预测，从而确定退休金领取者的人数和结构，在职缴费者的人数和结构等. 同时需要对经济发展水平、社会平均劳动生产率、投资平均回报率等进行预测，以确定合理的参加养老保险职工的工资水平和年利率水平. 在一定的给付水平下，根据退休金领取者人数，可以计算年退休金的支出总额，在一定的工资水平、缴费率和参加养老保险职工人数下，可以估计养老保险的年收入水平. 通过对长期内收支差距、累积基金与累积债务差距的分析，可以对养老保险的长期财务状况和偿付能力作出评价.

养老保险的长期精算模型，需要由几个相互联系的模块组成，即分性别、分年龄的人口模型；参加养老保险在职人口模型；参加养老保险的领取养老金待遇人口模型；平均工资水平和工资总额模型；利率模型；长期精算平衡模型等. 图 4-1

是养老保险精算评估的模型框架.

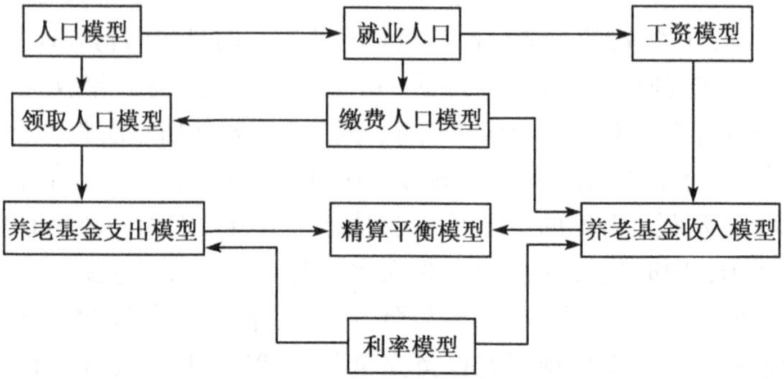

图 4-1　养老保险精算评估模型框架

在养老保险的长期精算估计中，最重要的是对参加保险人数和结构的预测，它建立在人口预测、就业人口预测、养老保险覆盖率预测的基础上. 而由经济发展水平决定的社会工资水平及其增长率、平均利率水平等可以根据社会平均工资和利率的统计规律，结合对经济发展形势的预测，作出合理假设，用于长期精算估计.

4.2.3　精算假设

养老保险的精算估计建立在对未来计划人口预测、未来工资和利率预测的基础上，对未来养老保险参加人口、工资和利率水平进行预测，需要对影响这些水平的因素进行科学假设.

养老保险参加人口的数量和结构决定于人口数量、结构和养老保险覆盖率，未来人口数量和结构由未来人口的生育、死亡、迁移等模式决定，它们分别用分年龄育龄妇女生育率、分年龄人口死亡率和分年龄人口迁移率表示，但分年龄率的综合性较差，在人口预测中，通常采用妇女总和生育率、预期寿命和标准化迁移率指标，预测时需要在一定的分年龄模式下分摊上述指标形成各个指标的分年龄率. 目前，我国社会养老保险的覆盖范围是城镇职工，因此，需要分别进行人口预测和城镇人口预测. 城镇人口预测需要考虑人口城市化因素.

参加养老保险的职工工资水平和预定利率水平由国民经济的发展水平、社会劳动生产率、社会平均工资水平、通货膨胀率、平均投资回报率等决定，通常根据对国内生产总值、货币工资增长率、消费价格指数增长率、实际工资增长率、平均年利息率、劳动力年增长率等指标的过去经验分析，作出养老保险参加人口的未来工资增长率和未来年份平均年利率假设.

归纳起来，养老保险精算评估的精算假设可以分为人口假设和经济假设两类. 人口假设包括：育龄妇女总和生育率、标准化死亡率、未来出生时预期寿命、迁移率或迁移人数. 经济假设包括养老保险覆盖率、职工平均年工资增长率、消费价格指数、实际工资增长率、失业率、年利息率等. 在进行预测时, 精算假设通常取高、中、低三种水平, 分别代表乐观、适中和悲观三种情况. 从国际经验看, 养老保险的长期精算估计通常每年或每 2~3 年进行一次, 在评估时, 需要根据实际情况的变动及时调整精算假设.

4.3　人口和参保人口预测

4.3.1　人口预测

人口和参保人口预测是养老保险制度财务收支预测的基础和前提. 影响人口变动的因素有人口的出生、死亡和迁移, 在已知期初人口数和期内人口出生数、死亡数和迁移数时, 可以利用人口平衡方程预测期末人口数.

1. 人口年龄移算

年龄移算是依据 t 年 x 岁的人数与 t 年 x 岁存活一年的概率计算 t+1 年 x+1 岁人数的方法. 例如, 2000 年某地区 20 岁的男性人口有 10000 人, 如果假设 20 岁存活一年的概率为 98%, 并且不考虑迁移, 那么, 2001 年该地区 21 岁的人口数应该为 9800 人.

如果以 $P_{t,x}$ 表示 t 年初 x 岁的人口数, $D_{t,x}$ 表示 t 年内 x 岁死亡人数, $I_{t,x}$ 表示 t 年内 x 岁净迁入人数, 那么

$$P_{t+1,x+1} = P_{t,x} - D_{t,x} + I_{t,x} \tag{4.1}$$

式(4.1)中的分年龄死亡人数和迁移人数通过分年龄死亡率和迁移率计算. 通常死亡率和迁移率在一定时期的变动具有规律性, 在人口预测中, 需要首先依据过去的经验和对未来的预期, 对未来分年龄死亡率和分年龄迁移率或迁移人数作出假设, 再依据年龄移算公式就可以对未来分年龄人口数作出预测. 考虑到男女人口在死亡和迁移模式上存在较大差异, 人口预测通常分性别进行.

如果 t 年 x 岁男女人数分别为 $P_{t,x}^{\mathrm{m}}$, $P_{t,x}^{\mathrm{f}}$, t 年 x 岁男女死亡率分别为 $P_{t,x}^{\mathrm{m}}$, $P_{t,x}^{\mathrm{f}}$, t 年 x 岁男女净迁入人数分别为 $I_{t,x}^{\mathrm{m}}$, $I_{t,x}^{\mathrm{f}}$, 有

t+1 年 x+1 岁男女人数分别为

$$P_{t+1,x+1}^{\mathrm{m}} = P_{t,x}^{\mathrm{m}} \cdot (1 - q_{t,x}^{\mathrm{m}}) + I_{t,x}^{\mathrm{m}}, \quad x > 0 \tag{4.2}$$

$$P_{t+1,x+1}^{\mathrm{f}} = P_{t,x}^{\mathrm{f}} \cdot (1 - q_{t,x}^{\mathrm{f}}) + I_{t,x}^{\mathrm{f}}, \quad x > 0 \tag{4.3}$$

式(4.2)、(4.3)中, 分年龄迁移人数也可以用分年龄迁移率和分年龄人数的乘积表示.

2. 出生人数和 0 岁人数预测

人口年龄移算只能预测 0 岁以上年龄的人数，0 岁人口数则由出生人口数和出生人口存活率决定. 出生人口数决定于育龄妇女人数和生育率水平. 设 t 年出生人数为 B_t，其中男性出生人数 B_t^{m}，女性出生人数 B_t^{f}，男性出生人数比例为 $m_{t,B}=B_t^{\mathrm{m}}/B_t$. t 年出生婴儿当年死亡概率为 $q_{t,B}$，其中，男婴出生当年死亡概率为 $q_{t,B}^{\mathrm{m}}$，女婴出生当年死亡概率为 $q_{t,B}^{\mathrm{f}}$. t 年 x 岁的生育率为 $f_{t,x}$，这时，t 年出生人数等于 t 年分年龄妇女人数与分年龄育龄妇女生育率之积从 15 岁到 49 岁的和，即

$$B_t=\sum_{x=15}^{49}P_{t,x}^{\mathrm{f}}\cdot f_{t,x} \tag{4.4}$$

其中，男性出生人数是出生人数与男性出生比例之积，

$$B_t^{\mathrm{m}}=B_t\cdot m_{t,B} \tag{4.5}$$

女性出生人数是出生人数与男性出生人数之差，

$$B_t^{\mathrm{f}}=B_t-B_t^{\mathrm{m}} \tag{4.6}$$

0 岁人数是出生人数与婴儿当年存活率之积，有

$$P_{t,0}^{\mathrm{m}}=B_t^{\mathrm{m}}\cdot(1-q_{t,B}^{\mathrm{m}}) \tag{4.7}$$

$$P_{t,0}^{\mathrm{f}}=B_t^{\mathrm{f}}\cdot(1-q_{t,B}^{\mathrm{f}}) \tag{4.8}$$

可见，如果已知育龄妇女人数，在一定的分年龄生育率假设下，可以预测未来的出生人数，在出生婴儿当年死亡率下，可以预测 0 岁人口数.

3. 死亡率假设的设定

在人口预测中，预测年的人口死亡率水平通常用 0 岁预期寿命表示，在已知预测期初人口寿命 $e(0)$，预测期末假设的人口寿命 $e(n)$下，可以根据人口寿命的变动规律，依据一定的递推公式计算出预测期内各年的人口寿命 $e(t)$，

$$e(t)=\int_0^{\infty}{}_s p_{t,x}\mathrm{d}s\approx\sum_{k=0}^{\infty}{}_{k+1}p_{t,x} \tag{4.9}$$

其中，${}_s p_{t,x}$ 为 t 年 x 岁存活 s 时的概率，$s\geqslant 0$，${}_{k+1}p_{t,x}$ 为 t 年 x 岁存活 k+1 年的概率，k=0, 1, 2,⋯，根据人口的分年龄死亡模式，可以估计出 t 年的存活概率.

分年龄死亡率通常有以下几种估计方法：

(1) 假设分年龄死亡模式不变，在一定的预期寿命下估计分年龄死亡率，这种方法一般在短期预测、预测地区的死亡率水平已很低、或者对预测的准确度要求不高时使用；

(2) 选择适合预测地区的模型生命表，在预测的预期寿命水平下直接或根据相邻水平插值得出分年龄死亡率；

(3) 根据布拉斯罗吉特生命表，预测未来年份的年龄别存活概率；

(4) 依据其他死亡率预测模型，如 Lee-Carter 模型，进行预测.

4. 生育率假设的设定

人口预测中，人口生育率水平通常用总和生育率表示. 设 t 年妇女总和生育率为 TFR_t，它是育龄妇女分年龄生育率之和：

$$\mathrm{TFR}_t = \sum_{x=15}^{49} f_{t,x} \tag{4.10}$$

根据一定的生育模式可以估计分年龄生育率. 最简单的分年龄生育率估计，可以用标准化生育模式乘以预测年份总和生育率得出.

设标准化生育模式为

$$h_{x,t} = \frac{f_{t,x}}{\mathrm{TFR}_t} \tag{4.11}$$

显然，

$$\sum_x h_{t,x} = \frac{\sum\limits_x f_{t,x}}{\mathrm{TFR}_t} = \frac{\mathrm{TFR}_t}{\mathrm{TFR}_t} = 1$$

$$f_{t,x} = \mathrm{TFR}_t \cdot h_{t,x} \tag{4.12}$$

可见，$h_{t,x}$ 实际上是分摊总和生育率形成分年龄生育率的分摊系数. 当 $h_{t,x}$ 不随时间变化时，可以用未来总和生育率和稳定的生育模式预测未来的分年龄生育率. 考虑生育模式的变化，可以采用布拉斯的冈泊茨相关生育模型估计分年龄生育率.

4.3.2　参保人口预测

养老保险制度内人数决定于劳动适龄人口① 的劳动参与率、失业率、养老保险制度覆盖率和养老保险费遵缴率. 由 t 年分性别年龄劳动人口数与 t 年分性别年龄劳动参与率、失业率可以计算出 t 年分性别年龄从业人数. 由分性别年龄从业人数与分性别年龄制度实际覆盖率、养老保险费遵缴率可以计算出分性别年龄实际缴费的参保人数.

$$(\mathrm{EP})_{t,x} = P_{t,x}(\mathrm{RLEP})_{t,x}(1-(\mathrm{RUE})_{t,x}) \tag{4.13}$$

$$(\mathrm{CL})_{t,x} = (\mathrm{EP})_{t,x}(\mathrm{RC})_{t,x}(\mathrm{RP})_{t,x} \tag{4.14}$$

---

① 国际上一般采用的劳动年龄界限为 15~64 岁. 目前，中国男性人口的劳动年龄为 16~59 岁，女性人口为 16~54 岁.

其中，$(\mathrm{EP})_{t,x}$ 表示第 t 年 x 岁的从业人口数，$(\mathrm{RLEP})_{t,x}$ 表示第 t 年 x 岁人口的劳动参与率，$(\mathrm{RUE})_{t,x}$ 表示第 t 年 x 岁人口的失业率，$(\mathrm{CL})_{t,x}$ 表示第 t 年 x 岁参加养老保险的实际缴费人数，$(\mathrm{RC})_{t,x}$ 表示第 t 年 x 岁人口的养老保险制度覆盖率，$(\mathrm{RP})_{t,x}$ 表示第 t 年 x 岁人口的养老保险费遵缴率.

制度内退休人数的预测采用年龄移算法. 假设退休在一个年龄 r 岁上，由退休前一年参保职工人数与分性别年龄参保人口死亡率计算出当年分年龄性别新退休职工数. 由上年分性别年龄退休职工人数与上年分性别年龄参保人口死亡率计算出当年分性别年龄退休职工数. 计算公式如下：

$$(\mathrm{BP})_{t+1,r} = (\mathrm{CL})_{t,r-1}(1-q'_{t,r-1}) \tag{4.15}$$

$$(\mathrm{BP})_{t+1,x+1} = (\mathrm{RP})_{t,x}(1-q'_{t,x}), \quad x \geqslant r \tag{4.16}$$

其中，$(\mathrm{BP})_{t,x}$ 表示第 t 年 x 岁的退休人数，r 为退休年龄，$q'_{t,x}$ 表示第 t 年内制度覆盖人口在 x 岁的死亡概率，$(\mathrm{CL})_{t,r-1}$ 表示第 t 年 $r-1$ 岁的参保缴费人数.

如果退休发生在一定年龄段，例如从 55 岁到 65 岁，每年都有一定比例的在职人口退休，并在 65 岁全部退休，这时，每年新增的退休人数是一个在一定年龄段上的分布，一般用分年龄退休率描述不同年龄上的退休分布. 每年新增退休人数等于分年龄新增退休人数之和. 分年龄退休人数等于分年龄在职人口、分年龄退休率、分年龄死亡率的乘积.

我国现行的养老保险制度只覆盖城镇从业人员，为了预测城镇参保人口和新增参保人口，首先需要对城镇人口作出预测. 城镇人口预测模型类似于人口预测，在城镇人口总和生育率和预期寿命下，采取上述人口预测方法，同时考虑人口城镇化的因素，预测城镇人口. 其中，城镇出生人数、分年龄死亡人数的预测与上述方法相同，根据迁移政策和迁移的统计数据可以预测未来城乡人口净迁移人数和净迁移率，在分年龄迁移模式下，进一步估计出分年龄迁移率，从而预测分性别年龄的城镇人口.

4.4 工资和利率预测

4.4.1 平均工资与工资总额预测

依据工资增长的一般规律，在假设的实际工资增长率和价格指数增长率下，可以估计出预测期人均工资水平和工资总额水平. 以 AW_t 表示 t 年人均货币工资，IRAW_t 表示 t 年人均实际工资增长率，CPI_t 表示价格指数增长率，TW_t 表示 t 年工资总额，TCL_t 表示 t 年参保在职人数，有

$$\mathrm{AW}_t = \mathrm{AW}_{t-1}(1+\mathrm{IRAW}_t)(1+\mathrm{CPI}_t) \tag{4.17}$$

$$\mathrm{TW}_t = \mathrm{TCL}_t \times \mathrm{AW}_t \tag{4.18}$$

4.4.2　利率预测

利率水平根据价格指数和资金平均回报率预测，名义利率剔除通货膨胀因素的影响，成为实际利率，以 NIR_t 表示 t 年名义利率，RIR_t 表示 t 年实际利率，有

$$1+RIR_t=\frac{1+NIR_t}{1+CPI_t} \tag{4.19}$$

$$1+NIR_t=(1+RIR_t)(1+CPI_t)=1+RIR_t+CPI_t+RIR_tCPI_t \tag{4.20}$$

由于实际利率与价格指数增长率都比较小，上式可以近似为

$$1+NIR_t\approx 1+RIR_t+CPI_t$$

即有

$$NIR_t\approx RIR_t+CPI_t \tag{4.21}$$

4.5　现收现付制度的隐性债务和转轨成本

如果假设养老保险制度保持现收现付融资模式不变，那么，随着制度内人口老化，制度必然积累越来越多的债务. 制度债务是制度承诺的未来一系列养老金给付现金流的现值，对测算时点制度覆盖的已退休和尚未退休的人员，需分别计算“老人”债务和“中人”债务.

4.5.1　隐性债务和转轨成本的基本概念

关于隐性债务的评估，国内外研究机构和学者已经作过大量研究和测算，但各方对隐性债务的理解并不一致，对概念的不同理解使测算模型和方法存在差异，加之在样本抽取和精算假设设置上的不同，使测算结果存在差距.

在这里，我们将隐性债务定义为养老保险制度向已退休和尚未退休人员作出的未来养老金承诺所对应的债务. 在现收现付制下，参保者在参加养老保险期间的缴费被用于已退休人员的养老金待遇发放，他们因缴费也积累了退休后获到养老金的权利. 这一权利将由未来一代的缴费兑现. 制度对已退休人员和已积累了养老金权益尚未退休人员的养老金承诺的现值就是制度的隐性债务. 所谓“隐性”的债务，一方面是由于这种债务在数额上是隐蔽的，与参保职工的寿命长短有关，只有当所有债务偿还完毕才能确定实际的支出数额，这就需要在假设下，用精算技术测算得到其估计值；另一方面是由于这种债务是一种无形的承诺，没有有形的实体与之对应. 如果债务以国家债券或其他借款等显性方式存在，这种债务就成了显性债务.

与隐性债务相关的一个概念是转轨成本. 制度的转轨成本是在旧制度的基础上建立新制度比新建同样的新制度需要增加的成本. 转轨成本的产生是由于仍需

要在一定时期内偿还旧体系的债务. 它源于隐性债务, 但并不等于隐性债务. 隐性债务是旧制度欠下的债务, 而转轨成本是制度转轨过程中实际偿还的债务. 根据国际经验, 各国在由现收现付制转向基金制的过程中, 都不可避免地要面对巨额隐性债务, 如果完全兑现这些隐性债务, 制度转轨成本通常是巨大的, 因此多数国家会采取一些可行措施, 以缩减转轨成本. 这些措施包括提高退休年龄, 部分扣减"中人"已积累的养老金权益、用基金制的高回报来补偿等.

如果说隐性债务是一个存量概念, 那么转轨成本就是一个流量概念. 在不同的新旧制度过渡模式和过渡速度选择下, 转轨成本的数额和支付时间的分布有很大差异. 如果从现收现付的养老保险制度直接过渡到完全积累的基金制度, 需要一次性兑现过去制度积累的债务, 这时, 转轨成本要一次付清. 如果转轨时保留部分现收现付制, 使旧制度下已经退休的"老人"的养老金仍然由下一代的缴费融资, 转轨时已有一定养老金权益积累但尚未退休的"中人"和新加入制度的"新人"转向基金制, 并且"中人"债务一次性补偿, 在这种情况下, 当"老人"全部死亡后, 制度将完成转轨, 转轨成本需要 30~40 年. 如果只有"新人"加入基金制, "中人"和"老人"保留在现收现付制下, 在所有"中人"死亡后, 制度将完成向基金制的转轨, 转轨成本需要 70~80 年. 如果新制度不继续兑现过去制度对"老人"和"中人"承诺的养老金, 也就是采取剥夺或没收他们已积累的养老金权利的方式, 此时不需要任何转轨成本, 但这种方式在政治上是不可行的.

从上面的分析可以看出, 如果制度的转轨不剥夺也不增加任何旧制度已承诺的养老金权益, 则各年转轨成本的精算现值等于制度的隐性债务.

在我国, 根据 1997 年国务院第 26 号文件, 新建立的"统账结合"制度将 "老人"、"中人"和"新人"区分对待, 制度实施的原则是"老人老办法、新人新办法、中人过渡性办法". "老人老办法"要求新制度继续兑现旧制度对"老人"承诺的养老金; "中人过渡性办法"指用"中人"过渡性养老金补偿"中人"在旧制度下积累的养老金权益. 因此, 新制度支付的"老人"养老金和"中人"过渡性养老金就是制度的转轨成本. 转轨成本在所有"中人"死亡后全部还清, 需要历经 70~80 年的时间.

4.5.2 "老人"债务

"老人"债务是测算时点制度对已退休人员承诺的未来养老金的精算现值. "老人"债务计算公式为

$$(\mathrm{AL})_t^r = \sum_{x=r}^{\omega-1} L_{t,x}^r \cdot B_{t,x} \cdot \ddot{a}_{t,x} \tag{4.22}$$

其中, $(\mathrm{AL})_t^r$ 表示 t 年的"老人"总债务, ω 为人口年龄上限, $L_{t,x}^r$ 为 t 年 x 岁"老人"人数, $B_{t,x}$ 为 t 年 x 岁"老人"平均养老金水平, $\ddot{a}_{t,x}$ 为 t 年从 x 岁起每年初 1 元

的生存年金现值.

第 t 年 x 岁人的 1 元生存年金系数的计算公式为

$$\ddot{a}_{t,x}=1+v_t\cdot p_{t,x}+v_t v_{t+1}\cdot p_{t,x}\cdot p_{t+1,x+1}+\cdots \tag{4.23}$$

实际中，一般忽略不同年份死亡概率和利率调整问题，即设

$$p_{t,x+1}=p_{t+1,x+1}=\cdots=p_{t+n,x+1},\quad v_t=v_{t+1}=\cdots=v_{t+n}$$

由于随着经济发展和医疗进步，实际死亡率会逐年降低，这种假设实际上高估了死亡概率，也就是低估了存活概率，从而低估了年金系数，但这种低估是非常小的，可以忽略. 这时，有

$$\ddot{a}_{t,x}=1+v_t\cdot p_{t,x}+v_t^2\cdot p_{t,x}\cdot p_{t,x+1}+\cdots \tag{4.24}$$

设 t_0 为测算起点，通常调查资料可以给出 t_0 年分性别年龄的退休给付 $B_{t_0,x}$. 设第 i 年养老金以社会平均工资增长率 j_i 的 k_i 比例、消费价格增长指数 c_i 的 h_i 比例调整，此时，不同年份不同年龄退休的退休给付为

$$B_{t,x}=B_{t_0,x-(t-t_0)}\prod_{i=t_0+1}^{t}(1+j_i k_i+c_i h_i) \tag{4.25}$$

如果 t_0 年后新退休职工的退休给付规定为退休前一年社会平均工资一定水平的收入替代率. 设第 t 年替代率为 g_t，第 $t-1$ 年社会平均工资为 $\overline{S}_{t-1}$，则第 t 年新退休职工的退休给付为

$$B_{t,r}=g_t\cdot\overline{S}_{t-1} \tag{4.26}$$

通常可以得到测算初年 t_0 年的社会平均工资 $\overline{S}_{t_0}$ 和平均缴费工资 $\overline{S}^a{}_{t_0}$，在未来一定的社会平均工资增长率和缴费工资增长率假设下，可以估计出不同年份的社会平均工资和不同年份的参保者平均工资，假设第 i 年的社会平均工资增长率为 j_i，并且缴费工资增长率等于社会平均工资增长率. 此时：

$$\overline{S}_t=\overline{S}_{t_0}\cdot\prod_{i=t_0+1}^{t}(1+j_i) \tag{4.27}$$

$$\overline{S}^a{}_t=\overline{S}^a{}_{t_0}\cdot\prod_{i=t_0+1}^{t}(1+j_i) \tag{4.28}$$

4.5.3 “中人”债务

“中人”债务指制度对已经积累了一定养老金权益但尚未退休人员积累的债务. “中人”债务计算公式如下：

$$(\mathrm{AL})_t^a=\sum_{x=y}^{r-1}L^a{}_{t,x}B^a_{t,x}\,{}_{r-x}p_{t,x}v^{r-x}\ddot{a}_{t,r} \tag{4.29}$$

其中，$(\mathrm{AL})_t^a$ 表示第 t 年“中人”总债务，y 为加入计划年龄，r 为退休年龄，$L^a{}_{t,x}$ 为 t 年 x 岁“中人”人数，$B_{t,x}^a$ 为第 t 年 x 岁“中人”已积累下的养老金权益，${}_{r-x}p_{t,x}$ 为第 t 年 x 岁的人存活到退休年龄 r 的概率，v 为贴现因子，$\ddot{a}_{t,r}$ 为第 t 年从 r 岁起每年初支付 1 元的生存年金现值.

在明确给付标准的养老保险下，通常对每工作一年得到的养老金权益作出明确的规定，退休待遇与工作年数和工资有关. 我国养老保险按工龄长短规定养老金替代率，没有规定每工作一年得到多少养老金权益. 这样，需要估计“中人”过去工作期间积累的养老金水平. 比较简单的做法是用“中人”已工作年数和预计到正常退休时的工作年数之比去分摊退休给付，假设每在养老金制度下一年多获得的养老金权益相等，那么对于一个 y 岁加入养老保险，r 岁退休的参保者，他(她)在 t 年 x 岁时已积累的养老金权益 $B_{t,x}^a$ 为

$$B_{t,x}^a = \frac{x-y}{r-y} B_{(t+r-x),r} \quad y \leqslant x < r \tag{4.30}$$

其中，$B_{(t+r-x),r}$ 是第 t 年 x 岁职工退休时的退休给付.

“中人”退休后的养老金同样要随社会平均工资增长率和消费价格指数而调整. 因此在计算生存年金系数时应考虑养老金调整因素. 此时：

$$\ddot{a}'_{t,r} = 1 + v_t \cdot (1 + j_t \cdot k_t + c_t \cdot h\ ) p_{t,r} + v_t{}^2 \cdot (1 + j_t \cdot k_t + c_t \cdot h_t)^2 p_{t,r} p_{t,r+1} + \cdots \tag{4.31}$$

4.6　社会统筹基金精算评估

4.6.1　统筹基金年度收支估计

年度收支估计是对年内养老保险的收入额、支出额与收支差额的估计. 养老保险在年度内的收入额由参加养老保险的参保在职人数、平均缴费工资水平、规定的缴费率、拒缴率等决定. 养老保险的年支出额又称为年成本，包括计划的给付支出和费用支出，由计划规定的给付和给付水平、计划人口中受益的人口规模以及计划费用水平决定. 在对未来养老保险参加人口、工资和利率水平预测的基础上，根据养老保险的给付和缴费水平，可以估计每年的收入水平和支出水平. 当年收入额大于支出额时，养老保险在当年形成一定的积累，当年缴费总额小于年养老金及费用等支出总额时，年度收支入不敷出，如果有过去年份积累的基金，可以用来补偿年度的收支差额.

1. 年度收入

统筹基金年度收入来源包括：参保单位缴费、国家财政补贴、地方财政补贴、结余基金利息、其他收入等，其中，单位缴费是最主要的部分，单位缴费以缴费工

资总额为基础, 按规定的单位缴费率缴费.

设 t 年单位缴费收入为 $(\mathrm{AI})_t$, t 年末退休的参保人数为 L_t, t 年参保者平均缴费工资为 $\overline{S}^a{}_t$, t 年单位缴费率为 c_t, t 年养老保险费遵缴率为 d_t, 有

$$(\mathrm{AI})_t = L_t \cdot \overline{S}^a{}_t \cdot c_t \cdot d_t \tag{4.32}$$

国家和地方财政补贴通常以社会保险预算为基础作出估计.

2. 年度支出

在国发[1997] 26 号文的制度模式下, 统筹基金的支出包括“老人”养老金、“中人”过渡性养老金、“中人”和“新人”的基础养老金、长寿者个人账户支出、死亡抚恤金等.

在国发[2005] 38 号文的制度模式下, 统筹基金的支出中不再包括长寿者个人账户支出. 图 4-2 列出了在国发[2005] 38 号文下的收支项目, 以下讨论国发 38 号文下各项收支的计算.

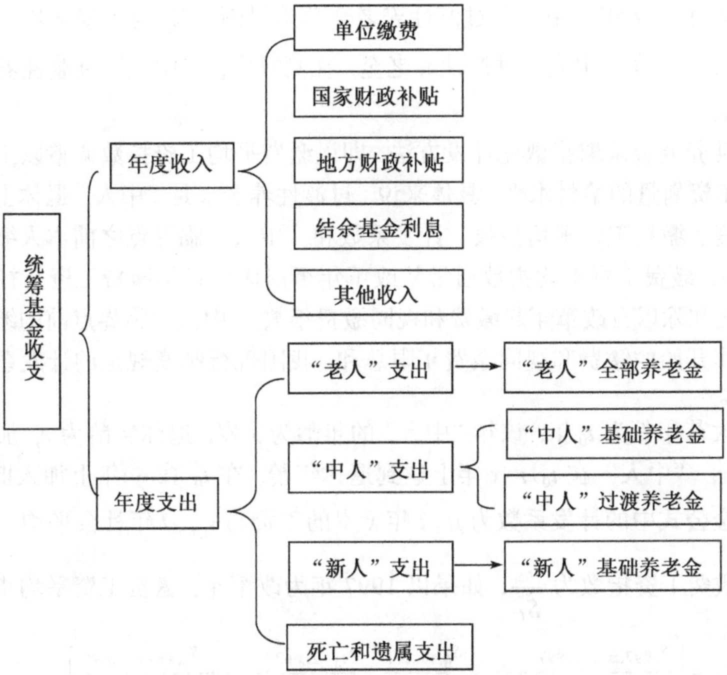

图 4-2　统筹基金年度收支结构

1)　“老人”支出

“老人”是指在改革时点已退休的人口, 不同地区的改革时点划分可能不同,

一般会以实施国发[1997]26 号文的时点为准. 在某时点前已退休的“老人”处于封闭人口状态, 没有不断的新加入人口, 只受死亡因素作用不断减少. “老人”养老金支出是分年龄“老人”人数与分年龄“老人”养老金之积的求和.

$$(\mathrm{AOC})_t = \sum_{x=r+t-t_0}^{w} L_{t,x}^{r} \cdot B_{t,x} \tag{4.33}$$

其中, t_0 为改革年, t 为测算年, $(\mathrm{AOC})_t$ 为 t 年“老人”养老金总给付额, $L_{t,x}^{r}$ 为 t 年 x 岁“老人”人数, $B_{t,x}$ 为 t 年 x 岁“老人”人均退休给付. $B_{t,x}$ 的计算公式已在 4.5.2 节中给出.

2)“中人”过渡性养老金支出

“中人”过渡性养老金支出是分年龄“中人”人数与分年龄“中人”过渡性养老金之积的求和

$$(\mathrm{AMC})_t^{l} = \sum_{x=r}^{r+t-t_0-1} L_{t,x}^{m} \cdot B_{t,x}^{m} \tag{4.34}$$

其中, $(\mathrm{AMC})_t^{l}$ 为 t 年“中人”过渡性养老金总给付额, $L_{t,x}^{m}$ 为 t 年 x 岁“中人”人数, $B_{t,x}^{m}$ 为 t 年 x 岁“中人”过渡性养老金. 在测算中, “中人”过渡性养老金采取指数化方法.

过渡性养老金采取指数化计发方法, 即以缴费平均工资指数调整以工作年数和社会平均工资衡量的给付水平. 具体来说, 过渡性养老金是“中人”退休上年当地社会平均工资、缴费工资平均指数、计发系数和“中人”临界点之前本人缴费年数的乘积, 其中, 缴费工资平均指数通常从改革年至退休前各年缴费工资与社会平均工资的比值之和除以自改革年起缴费和视同缴费年数. “中人”临界点前的缴费年限指自参加工作开始的缴费和视同缴费年限总和. 我国现行制度规定的计发系数一般为 1.0%~1.4%.

假设改革年份为 t_0 年, 该年“中人”的年龄为 x 岁, 退休年龄为 r, 加入旧制度的年龄为 y, “中人”在 t_0+r-x 年上达到退休年龄, 在 $t_0-(x-y)$年上加入旧制度, 过渡性养老金公式中的计发系数为 μ, t 年 x 岁的工资为 $s_{t,x}$, t 年社会平均工资为 $\overline{S}_t$, t 年 z 岁的缴费工资指数为 $\dfrac{s_{t,z}}{\overline{S}_t}$, 如果以 1997 年为改革年, 缴费工资平均指数 k_x 为

$$k_x = \left(\frac{s_{1997,x-t_0+1997}}{\overline{S}_{1997}} + \cdots + \frac{s_{t_0+1,x+1}}{\overline{S}_{t_0+1}} + \frac{s_{t_0+2,x+2}}{\overline{S}_{t_0+2}} + \cdots + \frac{s_{t_0+r-1-x,r-1}}{\overline{S}_{t_0+r-1-x}} \right) \div (r + t_0 - x - 1997) \tag{4.35}$$

改革年 x 岁职工的过渡性养老金为

$$B_{t_0+r-x,r}^{m} = \overline{S}_{t_0+r-x-1} \cdot k_x \cdot \mu \cdot (x-y) \tag{4.36}$$

3) "中人"和"新人"基础养老金支出

在国发 [2005] 38 号文的制度模式下，缴费和视同缴费累计满 15 年的参保人员，退休后基础养老金的月标准是以当地上年度在岗职工月平均工资和本人指数化月平均缴费工资的平均值为基数，缴费每满 1 年发给 1%，上不封顶；缴费不满 15 年的，个人账户养老金一次性发给个人，没有基础养老金. 设 t 年社会平均工资为 $\overline{s}_t$，t 年 x 岁参保个人的工资为 $s_{t,x}$，缴费年数为 n，则基础养老金为

$$\begin{cases} 1\% \cdot n \cdot \overline{s}_{t+n-1} \cdot \left(1+\sum_{\alpha=0}^{n-1} \dfrac{s_{t+\alpha,x+\alpha}}{\overline{s}_{t+\alpha}} / n\right) \Big/ 2, & n \geqslant 15 \\ 0, & n<15 \end{cases} \tag{4.37}$$

4) 死亡支出

在现行制度下，死亡支出通常包括丧葬费补贴、遗属抚恤金以及个人账户余额退还等几部分，不同地区在死亡支付的具体项目和支付标准上存在差异，有的地区规定为一次性的固定数额，有的地区按上年在岗职工平均工资的倍数规定，有的地区按抚养人口多少确定不同的抚恤金标准. 对于死亡后个人账户余额，国发[1997]26 号文的规定，个人账户余额中个人缴费部分可以继承，国发[2005]38 号文规定，个人账户余额全部可以继承. 因此，死亡后个人账户支出等于人均个人账户余额与死亡人数之积.

3. 基金率

年度收入与年度支出之差形成年度结余，年度结余的累积形成累计结余. 在部分积累模式下，通常用基金率衡量累积基金的偿付能力. 它是年初累积资产与年度内支出的比例，用来衡量年度支出可以由年初资产满足的程度，或者说年初基金可以满足当年支出的倍数，基金率的计算公式为

$$\text{基金率} = \frac{\text{年初积累资产}}{\text{下年度支出}} \times 100\% \tag{4.38}$$

假设支出发生在年末，有

$$\begin{aligned} t+1\text{ 年年初累积资产} = &(t\text{ 年年初累积资产}+t\text{ 年养老费收入}) \times (1+\text{年利率}) \\ &- t\text{ 年内支出} \end{aligned} \tag{4.39}$$

$$\begin{aligned} t\text{ 年养老保险收入} = &\, t\text{ 年参加养老保险的人数} \times t\text{ 年缴费平均工资} \\ &\times \text{缴费率} \times (1-\text{拒缴率}) \end{aligned} \tag{4.40}$$

基金率越高，年初基金的支付能力越强，当基金率大于等于 100%时，年初积累的基金足以支付年度的支出；当基金率小于 100%时，年初积累的基金不足年度支出，基金面临偿付困难. 在一定时期内，基金率均超过 100%，说明养老保险基金在这一时期

内是有偿付能力的. 基金率是一个相对数, 消除了价格、经济增长和养老保险变动等对名义累积基金额这一绝对数的影响, 因而也可以用于不同时期的对比分析. 在一定时期内, 基金率稳定在100%以上, 表明养老保险积累的基金在时期内具有稳定的偿付能力; 如果随着时间的延续, 基金率不断下降, 表明养老保险支出正在不断地消耗已往积累的基金, 当基金率下降到 100%以下时, 表明积累的基金不足一年支付, 养老保险面临偿付危机.

通过对养老保险过去年度基金率的分析, 可以发现基金率变动的趋势及其所反映的财务问题, 从而为及时调整计划提供依据. 在计划规定的缴费率和给付水平下, 在一定的精算假设下对计划未来基金率的预测分析, 可以更清楚地把握未来的情况, 预先作出必要准备.

4.6.2 年度收入率、成本率和年度平衡值

对养老保险的财务收支进行长期分析时, 需要对不同时期的收入和成本进行比较, 但年收入、年成本和年收支差是绝对数, 受价格因素的影响, 不能直接用于不同时间上的比较分析. 收入率和成本率是当年收入和成本与当年缴费工资的比例, 其分子和分母都以当年价格计算, 消除了价格的影响, 可以进行不同时期的比较. 每年收入率与成本率之差说明当年收支率的差距, 称为年度平衡值.

$$\text{养老保险年收入率} = \frac{\text{养老保险年收入额}}{\text{养老保险当年缴费工资总额}} \times 100\,\% \tag{4.41}$$

$$\text{养老保险年成本率} = \frac{\text{养老保险年成本额}}{\text{养老保险当年缴费工资总额}} \times 100\,\% \tag{4.42}$$

$$\text{年度平衡值} = \text{养老保险年收入率} - \text{养老保险年成本率} \tag{4.43}$$

年度平衡值表明年收入超过年成本的数额占当年缴费工资的比例, 当年度平衡值为正数 $k\,\%(k>0)$时, 表明收入率大于成本率, 当年收入除用于支出外能够形成一定的积累, 当年积累的规模为缴费工资的 $k\%$; 反之, 如果年度平衡值为$-k\%$ $(k>0)$, 表明收入不足当年成本开支, 需要动用过去积累的储备基金, 支出不足部分是当年缴费工资的 k %. 在年度平衡值为负值时, 如果过去有一定的基金积累, 可以补足当年开支, 但当积累的基金仍不能补足当年开支, 养老保险当年的财务将入不敷出; 年度平衡值为零时, 表明养老保险的收入率与成本率在当年保持平衡, 没有盈余和赤字. 如果加入期初基金因素, 年度收入率为期初基金加上年度收入与年缴费工资额的比例, 成本率是年度成本与年缴费工资额的比例, 在收入率中加入期初基金后, 当年收入率小于年成本率时, 养老保险在当年就面临支付赤字.

年收入率、年成本率及年度平衡在不同时期的对比分析, 可以说明养老保险收支水平在不同时间的变动, 如果年度平衡值在一定时期保持稳定增长的趋势, 表

明养老保险积累的基金不断增加，制度的偿付能力不断增强，基金率不断提高. 如果年度平衡值在一定时期内保持稳定的下降趋势，表明偿付能力正在减弱，当年度平衡值降低到负值时，开始出现支付赤字，这时需要采取一定措施增加收入或降低成本以减少赤字，当过去积累的资产不能补足支付赤字时，养老保险将难以维持. 如果年度平衡值随着时间的延续发生增长和下降的波动，可能是由于养老保险参加人口抚养比的波动、收入率和成本率的波动，年度平衡值的波动若在长期均衡后为正值，则在长期内增加了基金的积累，反之，则在长期内消耗了过去积累的基金.

年度收入率、成本率和年度平衡值反映的是每年的收入和成本以及收支盈余或不足在缴费工资中的比例，这些指标在不同时期的对比分析，反映不同时期内收支差距及其形成原因的差异. 通过分析一定时期内年度平衡的变动趋势，掌握收支的变动状况，为养老保险成本和收入的调整提供依据. 但年度分析只能说明年度平衡状况，不能反映在长期内的精算平衡状态，因此适合于短期平衡分析，时期长度一般是 10 年或 20 年，对于更长时期内的精算平衡分析，需要采用长期精算平衡估计. 比如，美国社会保障每年都作未来 75 年的长期精算估计,为计划成本和收入的调整提供依据.

4.6.3　长期精算平衡分析

长期精算平衡估计需要对长期内，如 50 年或 75 年内的长期综合收入率、长期综合成本率和长期精算平衡进行估计，用于分析在长期内计划财务收支的平衡状态. 综合收入率是时期初基金余额加时期内每年总收入(不包括利息收入)的现值与时期内缴费工资现值的比例，综合成本率是时期内每年支出现值加时期末目标基金数额现值与时期内缴费工资现值的比例，时期末目标基金数额通常规定为预计的下一年支出额，这可以看成是对未来不可预见风险的准备金，综合成本率包括了在预测期末满足下一年 100%基金率的资产. 以$(\mathrm{SIR})_n$表示 n 年期内的综合收入率,$(\mathrm{SCR})_n$表示 n 年期内的综合成本率，第 i 年的年收入为$(\mathrm{AI})_i$，年成本为$(\mathrm{AC})_i$，年缴费工资总额为 $S_i\,(i=1, 2, 3,\cdots, n)$, n 为长期精算估计的年数，在年利率 i 下的 t 年复利一元折现系数为 v^t, n 年内每年收入在 n 年初的现值为$(\mathrm{PVAI})_n$, n 年内每年成本在 n 年初的现值为$(\mathrm{PVAC})_n$，年工资现值为$(\mathrm{PVS})_n$，预测期初基金余额为 F_0，预测期末目标基金数额为 F_n，则

$$(\mathrm{SIR})_n=\frac{F_0+(\mathrm{PVAI})_n}{(\mathrm{PVS})_n} \tag{4.44}$$

$$(\mathrm{PVAI})_n=(\mathrm{AI})_1+(\mathrm{AI})_2\cdot v+(\mathrm{AI})_3\cdot v^2+\cdots+(\mathrm{AI})_n\cdot v^{n-1} \tag{4.45}$$

$$(\mathrm{PVS})_n=S_1+S_2\cdot v+S_3\cdot v^2+\cdots+S_n\cdot v^{n-1} \tag{4.46}$$

$$(\mathrm{SCR})_n = \frac{(\mathrm{PVAC})_n + F_n v^n}{(\mathrm{PVS})_n} \tag{4.47}$$

$$(\mathrm{PVAC})_n = (\mathrm{AC})_1 + (\mathrm{AC})_2 \cdot v + (\mathrm{AC})_3 \cdot v^2 + \cdots + (\mathrm{AC})_n \cdot v^{n-1} \tag{4.48}$$

长期内的综合收入率与综合成本率之差是长期综合精算平衡值，用于反映养老保险在长期内的财务收支的精算平衡状况. 以$(\mathrm{SB})_n$表示 n 年内的长期综合精算平衡值

$$(\mathrm{SB})_n=(\mathrm{SIR})_n-(\mathrm{SCR})_n \tag{4.49}$$

当长期综合精算平衡值为零时，表明养老保险制度处于完全精算平衡状态，这时，期初资产与未来收入的现值正好等于未来支出现值和预测期末满足下一年支出的基金现值. 当精算平衡值为正值时，表明积累的资产除了用于预测期内的成本支出外，在预测期末形成了超过目标支出水平的基金积累. 当精算平衡值为负值时，表明未来预计收入和期初资产不足以形成期末用于下一年支出的基金，甚至不能满足预测期内的成本支出，因此，也称为精算赤字额.

当精算平衡出现赤字时，如果在预测期内每年增加等于赤字额的收入，可以使养老保险制度在未来保持精算平衡，相反，如果相应地减少等于赤字额的成本额，也可以使制度在未来保持精算平衡.

长期精算平衡估计有时为了测算一定时期的收入是否足以应付支出，可以在收入率中不包括期初基金、成本率中不包括期末目标支出，此时，

$$(\mathrm{SIR})_n = \frac{(\mathrm{PVAI})_n}{(\mathrm{PVS})_n} \tag{4.50}$$

$$(\mathrm{SIC})_n = \frac{(\mathrm{PVAC})_n}{(\mathrm{PVS})_n} \tag{4.51}$$

长期精算平衡估计，通常每年进行一次，每年根据制度的调整和养老保险人口和经济发展的最新数据调整未来成本率和收入率的预测数据，使每年的精算平衡估计建立在最新的统计信息和预测的基础上.

4.6.4　长期封闭精算平衡检验

美国的社会保障精算评估除了进行长期精算平衡估计外，还需要进行长期封闭精算平衡检验，它是把一系列逐渐延长测算时期的精算平衡值与规定时期内的精算平衡值相比较，检验预测结果是否在规定的精算平衡值范围内，从而说明养老保险精算在长期内的精算平衡状态是否可以被接受. 精算平衡检验通常以精算赤字水平来衡量，当精算赤字为零时，未来综合收入率等于综合成本率，养老保险处于长期精算平衡状态，如果精算赤字超过了规定的水平，表明这一制度的财务

在未来是不安全的. 精算赤字是一定时期综合收入率与综合支出率之差, 它与不同时期的成本率有一定关系, 为了消除成本率不同水平的影响, 通常采用精算赤字占时期综合成本率的百分比这一指标, 预测期的精算赤字应不超过所估计期间综合成本率的某一百分比.

$$\text{精算赤字在成本率中的比例}=\frac{\text{时期精算赤字率}}{\text{时期综合成本率}}\times 100\%$$

$$=\frac{\text{时期综合收入率}-\text{时期综合成本率}}{\text{时期综合成本率}}\times 100\%$$

$$=\left(\frac{\text{时期综合收入率}}{\text{时期综合成本率}}-1\right)\times 100\% \tag{4.52}$$

在不考虑预测期初基金和期末目标基金时, 上式成为

$$\text{精算赤字在成本率中的比例}=\left(\frac{\text{预测期内年收入现值}}{\text{预测期内年成本现值}}-1\right)\times 100\,\% \tag{4.53}$$

封闭的精算平衡检验, 以长期精算平衡估计的时期为限, 先从长期预测的起点开始, 在比较短的时期内进行精算平衡检验, 逐步延长检验的时期, 直到包括所有长期精算平衡估计的时期. 例如, 在 75 年的长期精算平衡测算中, 一般从头 10 年开始计算 10 年内的精算平衡值, 及精算平衡值占时期内综合成本的百分比, 以后每次估计区间增加一年, 逐步估计从初始年度开始的时期长度为 11 年、12 年, 直到包括整个 75 年时期的精算平衡值和精算平衡在综合成本率中的比例, 这一系列估计共进行了 66 次, 每次估计时期长度增加一年. 由于预测时期越远, 相应的可信度越低, 因此通常规定在开始的较短时期内精算赤字为零, 随着时期的延长, 精算赤字可适当放大. 例如, 在美国的社会保障信托报告中规定, 在短期内, 精算赤字占时期综合成本率的比例为 0, 随着预测时期的延长而逐渐增大, 在 75 年期允许的最大百分比为−5%, 不同时期精算赤字的允许值在 0%~5%内线性变动. 在测算时期内, 通过长期封闭的精算平衡检验, 可以发现, 在长期内精算赤字第一次超过允许水平的时间, 同时, 如果在一系列封闭期间的精算检验中, 精算赤字占综合成本率的百分比超出允许的数额时, 表明制度没有通过封闭精算平衡检验, 意味着计划未来的财务可能存在问题, 需要考虑通过采取提高缴费率或者降低成本率的办法, 改善未来的财务状况.

4.6.5　长期敏感性分析

养老保险的长期预测建立在对未来人口和经济发展状况假设的基础上, 也就

是说，养老保险制度的长期精算估计的结果依赖于精算假设，在长期预测中，通常采取悲观、乐观和居中三种假设，但这三种假设不能包括未来变动的各种情况，为了分析精算假设变动对长期精算平衡分析结果的影响，需要作敏感性分析．敏感性分析是长期精算估计是否易受精算假设变动影响的分析，如果某一精算假设的微小变动会引起预测结果的较大变动，这时称预测结果对这一精算假设是敏感的；反之，如果某一精算假设的变动对预测结果的影响比较小，这时称预测结果对精算假设的变动不太敏感．在长期精算预测的基础上，进一步作长期敏感性分析，可以更好地把握未来经济和人口变动对预测结果的影响，对未来的各种可能变动情况做到胸中有数，从而深入认识养老保险的长期趋势及其可能变动．

1．人口假设变动对预测结果的影响

在长期精算估计中，人口假设包括人口总和生育率、预期寿命和人口迁移率等．人口总和生育率提高，使出生人数增加，当这些新出生人口成长为劳动年龄人口时，将增加新加入养老保险的人数，使制度的老年人口抚养比降低，在其他情况不变时，缴费额相应增加，当年的基金率提高，精算赤字降低．经过 60~70 年后由总和生育率提高而增加的人口进入退休年龄，会使养老金支出成本增加，从而增加精算赤字．但这种效应将被持续的人口总和生育率提高效应抵消．当人口总和生育率降低时，与上述变动相反，在新增人口进入劳动年龄后，将降低计划的基金率，增加计划精算赤字，当新增人口进入退休年龄后，将减少计划的精算赤字．

人口预期寿命延长，使分年龄死亡率特别是幼儿和老年人的分年龄死亡率降低，存活率提高，幼儿和老年人数增加，从而养老金成本增加，长期精算赤字提高．农村人口迁入城市，并加入养老保险，使劳动年龄人口年轻化，人口抚养比降低，缴费额提高，从而提高基金率，减少养老保险制度的赤字．当这些新加入的迁入人口退休后，又会增加当年支付成本，增加长期赤字．下面分别讨论每一精算假设对养老保险长期精算平衡估计的影响．

1) 总和生育率

设总和生育率在原来的水平上提高 k 比例，初始总和生育率为 TFR_0，变动后的总和生育率为 TFR_1，

$$\mathrm{TFR}_1=\mathrm{TFR}_0(1+k)$$

由于 $\mathrm{TFR}_t=\sum f_{t,x}$，

$$f_{t,x}=\mathrm{TFR}_t\cdot h_{t,x}$$

$h_{t,x}$ 为生育模式．假设生育模式不变，有

$$\begin{aligned}f_{1,x}&=\mathrm{TFR}_1\cdot h_{0,x}=\mathrm{TFR}_0\cdot(1+k)\cdot h_{0,x}\\&=f_{0,x}+k\cdot f_{0,x}=f_{0,x}(1+k)\end{aligned}$$

此时，分年龄生育率在原来的基础上增加 k 倍. 在其他条件不变时，出生人数为

$$B_1=\sum_{x=15}^{49} w_{1,x}\cdot f_{1,x}=\sum_{x=15}^{49} w_{1,x}\cdot f_{0,x}(1+k)=B_0(1+k)$$

0 岁人数为出生人数与 0 岁存活概率之积，这样 0 岁人数同样增加 k 比例. 这批人经过约 20 年后成长为劳动力进入养老保险，缴费额会相应增加 k 比例，其他条件不变时，缴费率和年精算平衡值同样增加 k 比例. 在不考虑伤残、死亡等给付时，这种影响一直持续到这批人退休，退休后成本额、成本率和精算赤字将增加 k 比例. 可见，如果某年总和生育率提高某一比例，在滞后约 20 年后，将使精算平衡值提高 k 比例，再滞后约 40 年后，将使精算平衡值减少 k 比例. 总和生育率的提高持续多少年，这种影响将持续多少年，最终对养老保险的影响是各年影响的叠加.

2) 预期寿命

在正常情况下，随着社会经济发展水平的提高，人口死亡率降低，人口寿命延长，如果人口寿命的提高幅度高于或低于养老保险长期预测分析时假设的水平，将使实际分年龄人口数相对增加或减少，当退休人口数增加幅度更大时，养老保险的成本相应增加，精算赤字水平提高，反之，变动方向相反.

假设分年龄死亡模式不变，分年龄死亡概率在一个衰减因子下减少，以 $q_{t,x}$ 表示 t 年 x 岁的死亡概率，$p_{t,x}$ 表示 t 年 x 岁的存活概率，d 表示相邻年份死亡概率的衰减因子，有

$$q_{t+1,x}=q_{t,x}-d$$
$$p_{t+1,x}=p_{t,x}+d$$

分年龄存活概率增加常数 d，下一预测年份的分年龄人数相应增加 d 乘以上一预测年份分年龄人数. 参加养老保险人数增加 d 与在职人数之积，退休人数增加 d 与退休人数之积，养老保险年收入增加额为

$$d\times\text{参加养老保险的劳动人数}\times\text{人均缴费水平}$$

养老保险年成本增加额为

$$d\times\text{养老保险覆盖下的退休人数}\times\text{人均退休金给付水平}$$

当分年龄死亡模式发生变化时，预期寿命的延长对养老保险收支的影响比较复杂，但对于具体的计划，根据模型生命表或布拉斯罗吉特生命表可以估计出分年龄死亡率，进而估计死亡率变动对养老保险年度收支和长期精算估计的影响.

3) 迁移

对城镇职工的养老保险制度，迁入人数决定于农村人口的城镇化迁移规模和城镇人口养老保险覆盖率的变动. 当养老保险的迁入人口比精算假设的水平增多

时，在迁入人口参保缴费期间，增加了缴费额，相应提高了收入率和精算平衡，这种影响与人口总和生育率在滞后一定年数后对养老保险的影响类似.

2. 经济假设变动对长期预测结果的影响

1) 实际工资增长率

当实际工资增长率发生增减变动时，平均工资水平、工资总额和养老保险年收入将随之发生增减变动，在退休给付的不同调整方式下，实际工资增长变动对年度和长期精算平衡值的影响不同. 当退休给付保持不变时，年成本不变，使年度平衡和长期精算平衡值随年收入的变动同步变动；当退休给付以工资增长率调整时，养老保险成本与收入发生同幅度增长，年度成本在年度收入中的比例保持不变，年度平衡与收入、成本同步增加；当退休给付以工资增长率的一定百分比调整时，年收入的变动幅度大于年成本的变动幅度，年度平衡值和长期精算平衡值的变动幅度减小. 假设实际工资增长率在精算假设的水平上增加了 $g\%$，以 $(\mathrm{AI})_t^1$ 表示 t 年实际工资增长率在精算假设水平上增加 $g\%$后的年收入，$(\mathrm{AI})_t^0$ 表示 t 年在精算假设水平下的年收入，$(\mathrm{AC})_t^0$ 表示在精算假设下的年成本，

$$(\mathrm{AI})_t^1=(\mathrm{AI})_t^0(1+g\%)$$

如果退休金不作相应调整，年成本不变，年度收支增加 $g\%(\mathrm{AI})_t^0$，即

$$(\mathrm{AI})_t^1-(\mathrm{AC})_t^0=(\mathrm{AI})_t^0(1+g\%)-(\mathrm{AC})_t^0=(\mathrm{AI})_t^0-(\mathrm{AC})_t^0+g\%(\mathrm{AI})_t^0$$

如果退休金与工资增长率同步增长，以 $(\mathrm{AC})_t^1$ 表示在退休金与工资增长率同步增长下的年成本，有

$$(\mathrm{AC})_t^1=(\mathrm{AC})_t^0(1+g\%)$$

此时，年收支之比等于保持精算假设下的水平，年度收支差比精算假设的水平增长 $g\%$，

$$(\mathrm{AI})_t^1-(\mathrm{AC})_t^1=[(\mathrm{AI})_t^0-(\mathrm{AC})_t^0](1+g\%)$$

当退休金以工资增长率的 $k\%$比例调整时，

$$(\mathrm{AC})_t^1=(\mathrm{AC})_t^0(1+g\%\cdot k\%)$$
$$(\mathrm{AI})_t^1-(\mathrm{AC})_t^1=[(\mathrm{AI})_t^0-(\mathrm{AC})_t^0]+g\%[(\mathrm{AI})_t^0-k\%(\mathrm{AC})_t^0]$$

年度收支差增加为

$$g\%[(\mathrm{AI})_t^0-k\%(\mathrm{AC})_t^0].$$

2) 实际利率

在长期精算平衡估计中，需要估计长期综合收入率、长期综合成本率以及长期

精算平衡值，这需要在一定利率水平下折现一系列收入、成本和工资. 当利率水平提高时，长期内一系列年收入现值、年成本现值、工资现值均减少，使长期综合收入率、长期综合成本率和长期精算平衡变动的幅度较小. 在预测时期内年收入、年成本和缴费工资总额不变的特殊情况下，利率变动对长期精算平衡值没有影响，利率变动在长期综合收入率、综合成本率中的作用类似于统计权数，由于年收入和年成本是年缴费工资总额中的一个比例，这样，随着利率的提高，折现系数随之减小，综合收入率和成本率随之提高，但精算平衡值的变动不明显.

4.7　个人账户基金精算评估

4.7.1　个人生命周期确定的收支平衡模型

如果已知个人的生命周期，这里主要指个人参加工作、退休和死亡的年龄确定. 这时，依据个人在职期间的收入能力、期望的一生消费水平、预计的储蓄利率等，可以建立收入与消费的平衡并系，从而估计满足收支平衡的养老金个人账户缴费率.

设某人从 t 年 y 岁开始参加养老保险并为个人账户缴费，在 $t+r-y$ 年达到 r 岁时退休并开始领取养老金. 参加保险当年的缴费工资为 $s_{t,y}$，随着时间的延续和年龄的增长，以后各年的工资分别为 $s_{t+1,y+1}, s_{t+2,y+2}, \cdots, s_{t+r-y-1,r-1}$，如果各年的缴费率分别为 $c_t, c_{t+1}, \cdots, c_{t+r-y-1}$，个人账户的年度记账利率分别为 $i_t, i_{t+1}, \cdots, i_{t+r-y-1}$，那么，个人账户在退休当年的累积额为

$$\ddot{s} = c_t \cdot s_{t,y} \prod_{s=0}^{r-y-1} (1+i_{t+s}) + c_{t+1} \cdot s_{t+1,y+1} \prod_{s=1}^{r-y-1} (1+i_{t+s}) + \cdots + c_{t+r-y-1} \cdot s_{t+r-y-1,r-1} \prod_{s=r-y-1}^{r-y-1} (1+i_{t+s}) \tag{4.54}$$

如果各年的利率相等，年利率为 i，上式可以简化为

$$\ddot{s} = c_t \cdot s_{t,y} \cdot (1+i)^{r-y} + c_{t+1} \cdot s_{t+1,y+1} \cdot (1+i)^{r-y-1} + \cdots + c_{t+r-y-1} \cdot s_{t+r-y-1,r-1} \cdot (1+i) \tag{4.55}$$

如果各年的缴费率相等，均为 c，年工资按固定的增长率 k 增长，这时，上式简化为

$$\begin{aligned} \ddot{s} &= c[s_{t,y}(1+i)^{r-y} + s_{t+1,y+1} \cdot (1+i)^{r-y-1} + \cdots + s_{t+r-y-1,r-1} \cdot (1+i)] \\ &= c \cdot s_{t,y}[(1+i)^{r-y} + (1+k)(1+i)^{r-y-1} + \cdots + (1+k)^{r-y-1}(1+i)] \\ &= c \cdot s_{t,y} \cdot {}^{k}\ddot{s}_{\overline{r-y}|} \end{aligned} \tag{4.56}$$

其中，${}^{k}\ddot{s}_{\overline{r-y}|}$ 是按工资增长率增长的年金终值系数.

如果个人寿命为 d 岁，个人账户养老金等额领取，目标替代率设定为退休前工资的 g 比例，这时，个人账户养老金在退休时的现值为

$$g \cdot s_{t+r-y-1,r-1} \cdot \ddot{a}_{\overline{d-r}|} \tag{4.57}$$

从而，个人账户收支平衡公式为

$$c \cdot s_{t,y} \cdot {}^{k}\ddot{s}_{\overline{r-y}|} = g \cdot s_{t+r-y-1,r-1} \cdot \ddot{a}_{\overline{d-r}|} \tag{4.58}$$

利用上面的平衡公式，在规定的目标替代率 g 下可以估计缴费率 c，也可以在规定的缴费率下测算未来的替代率．实践中，可以用平均参保年龄、法定退休年龄或平均退休年龄、退休后平均余寿等数据分别代替个人参保年龄、退休年龄和死亡年龄，用于测算在平均水平下，个人账户缴费能够实现的待遇水平，或者为实现一定的养老金待遇目标需要的缴费水平．

4.7.2　个人生命周期不确定的收支平衡模型

生命周期确定时的收支平衡公式，以个人寿命确定为前提，反映个人账户养老保险参加者在缴费与养老金领取之间的平衡关系．而个人生命周期实际是未知的，个人账户参加者的死亡年龄是个随机变量．这时，在个人账户收支平衡模型中，养老金领取成为以生存为条件的年金，即生存年金．由于个人寿命的差异，短寿者在一生中领取较少的养老金，长寿者领取较多的养老金，不同寿命领取者之间存在收入再分配，使长寿风险在不同寿命人群中分散．

设退休当年 x 岁存活到 $x+s$ 岁的概率为 ${}_{s}p_{x}$，退休当年的生存年金系数则为

$$\ddot{a}_r = 1 + \frac{1}{1+i_{t+r-x}} \cdot {}_{1}p_r + \frac{1}{(1+i_{t+r-x})(1+i_{t+r-x+1})} \cdot {}_{2}p_r + \cdots \tag{4.59}$$

如果各年利率恒定为 j，上式简化为

$$\ddot{a}_r = 1 + v \cdot {}_{1}p_r + v^2 \cdot {}_{2}p_r + \cdots \tag{4.60}$$

这时，每年 B_r 退休金给付在 y 岁的现值为

$$B_r \cdot \ddot{a}_{r\ r-y} \cdot p_y^{r-y} \cdot v^{r-y}$$

收支平衡关系成为

$$c \cdot s_{t,y} \cdot {}^{k}\ddot{s}_{\overline{r-y}|} = B_r \cdot \ddot{a}_r \tag{4.61}$$

如果设 $B_r = g \cdot s_{t+r-y-1,r-1}$，也就是养老金的目标替代率设为退休前工资的 g 比例，这时

$$c \cdot s_{t,y} \cdot {}^{k}\ddot{s}_{\overline{r-y}|} = g \cdot s_{t+r-y-1,r-1} \cdot \ddot{a}_r \tag{4.62}$$

4.7.3　团体账户收支平衡模型

采取个人账户模式管理的养老基金，有时并不设置独立的个人账户，而是将账户基金放置在一个集体账户中，进行统一的投资管理，获得统一的投资回报，个人拥有名义账户，但没有投资选择权，名义账户记录个人缴费和按统一投资回报的利息收入. 在集体账户下，参保人受死亡和退出的影响逐步减少，从而中断缴费，只有存活和保留在计划中的职工才继续缴费，因此，y 岁加入计划的期望缴费现值成为

$$cs_y + cs_{y+1}\cdot p_y^{(T)}\cdot v + cs_{y+2}\cdot {}_2p_y^{(T)}\cdot v^2 + \cdots + cs_{r-1}\cdot {}_{r-y}p_y^{(T)}\cdot v^{r-y}$$

$$= c\cdot s_y\cdot {}^s\ddot{a}_{\overline{r-y}|}^{(T)} = c\cdot s_y\cdot \ddot{a}_{\overline{r-y}|i'}^{(T)} \tag{4.63}$$

其中，${}_tp_y^{(T)}$ 为保留在计划中的 y 岁参加者在 t 年后仍在计划下的概率. ${}^s\ddot{a}_{\overline{r:r-y}|}^{(T)}$ 为以工资增长率增长的、从 y 岁到 r 岁的生存年金系数. 这时，收支平衡公式成为

$$c\cdot s_y\cdot \ddot{a}_{\overline{r-y}|i'}^{(T)} = B_r\cdot \ddot{a}_r\cdot {}_{r-y}p_y\cdot v^{r-y} \tag{4.64}$$

4.7.4　死亡和退出支出

个人账户在退休前的死亡给付为个人账户在死亡时的累积额，按照国发[1997] 26 号文的规定，参保人员死亡后，个人账户余额中个人缴费部分可以继承，按照国发[2005] 38 号文的规定，参保人死后个人账户余额由其指定受益人全部继承.

如果个人账户缴费率的 α 份额由个人承担，在 t 年末个人账户累积额中个人缴费部分为

$$\alpha\cdot c\cdot s_y(1+i)^{t-y+1}\,\ddot{a}_{\overline{t-y+1}|i'} \tag{4.65}$$

假设死亡给付在死亡年年末，在退休前死亡的死亡给付现值为

$$\sum_{t=y}^{r-1}\alpha\cdot c\cdot s_y(1+i)^{t-y+1}\,\ddot{a}_{\overline{t-y+1}|i'}v^{t+1}\,{}_{t-y}p_y^{(T)}q_t^{(m)} \tag{4.66}$$

其中，$q_x^{(m)}$ 为在死亡和退出两减因下的 x 岁死亡概率.

如果退出或调离给付规定为退还个人账户累积额，假设退出给付在退出年年末，其给付现值为

$$\sum_{t=y}^{r-1}cs_y(1+i)^{t-y+1}\,\ddot{a}_{\overline{t-y+1}|i'}v^{t+1}\,{}_{t-y}p_y^{(T)}q_t^{(w)} \tag{4.67}$$

$q_x^{(w)}$ 为在死亡率和退出率两个减因下的 x 岁的退出概率.

在团体账户下，个人账户的缴费及其投资收益用于养老金给付、死亡和退出给

付, 从而有下面的平衡关系:

缴费现值 = 退休给付现值+死亡给付现值+退出给付现值

即

$$c\cdot s_y\cdot {}^{s}\ddot{a}^{(T)}_{\overline{r-y}|}=B_r\cdot\ddot{a}_r\cdot{}_{r-y}p_y^{(T)}\cdot v^{r-y}$$

$$+\sum_{t=y}^{r-1}\alpha cs_y(1+i)^{t-y+1}\ddot{a}_{\overline{t-y+1}|i'}v^{t+1}{}_{t-y}p_y^{(T)}q_t^{(m)}$$

$$+\sum_{t=y}^{r-1}cs_y(1+i)^{t-y+1}\ddot{a}_{\overline{t-y+1}|i'}v^{t+1}{}_{t-y}p_y^{(T)}q_t^{(w)} \tag{4.68}$$

根据上述平衡关系, 可以估计在一定的缴费率下的平均退休给付水平 B_r. 可以根据目标给付水平和预计的利率水平, 在一定的死亡率、退出率等精算假设下估计所需的缴费水平. 实际的给付水平由实际缴费水平、投资收益和死亡率、退出率等决定.

4.7.5 个人账户基金年度总收入估计

个人账户基金年收入来源于单位和个人的缴费以及累积基金的投资收益. 如果 t 年 x 岁的缴费人数为 $L_{t,x}$, t 年 x 岁参保职工的缴费工资为 $s_{t,x}$, 缴费率为 c_t, 年度个人账户缴费收入为

$$(\text{IAAI})_t=c_t\cdot\sum_{x=y}^{r-1}L_{t,x}s_{t,x} \tag{4.69}$$

个人账户投资收入是当年各年龄个人账户投资收入之和. 分年龄个人账户投资收入是该年龄组上年度个人账户累计额加当年缴费与当年个人账户投资收益率之积.

个人账户累计额由参保人群缴费工资、缴费人数、缴费率以及各年收益率决定.

设 t 年 x 岁人口在 t+n 年退休, 则该组人退休时个人账户累计额为

$$(\text{AVIA})_{t,x}=c_tL_{t,x}s_{t,x}\prod_{k=t}^{t+n-1}(1+i_k)+\text{c}_{t+1}L_{t+1,x+1}s_{t+1,x+1}\prod_{k=t+1}^{t+n-1}(1+i_k)$$

$$+\cdots+c_{t+n-1}L_{t+n-1}s_{t+n-1}(1+i_{t+n-1}) \tag{4.70}$$

其中, $(\text{AVIA})_{t,x}$ 为 t 年 x 岁年龄组人口退休时的个人账户累计额, c_t 为 t 年的个人账户缴费率, $L_{t,x}$ 为 t 年 x 岁缴费人数, $s_{t,x}$ 为 t 年 x 岁人口的平均缴费工资, i_t 为 t 年的个人账户收益率.

4.7.6 个人账户基金收支的敏感性分析

在前面的收支平衡模型中，给付水平的估计建立在参加计划年龄、退休年龄、预定利率、死亡率等假设的基础上，为了分析这些假设变动对估计结果的影响程度，需作敏感性分析.

1. 退休年龄推迟的影响

推迟退休年龄使缴费年限增加，退休后给付年限减少，在一定的缴费水平下，会提高给付水平，或者在一定的给付设计下，所需的缴费水平下降. 研究退休年龄在一定的缴费率下对给付的影响，需要在一定的利率和死亡率假设下进行. 这里假设缴费预定计划没有死亡和提前退出给付，只有退休后的生存年金给付，依据期望缴费现值与给付现值的平衡关系，可以在一定的利率、死亡率、工资规模和工资增长率、加入养老保险年龄等假设下，得出退休给付的数额. 根据前面的公式，在其他条件一定时，相邻两年退休给付的比例为

$$\frac{B_r}{B_{r+1}}=\frac{ks_y\ddot{a}_{\overline{y:r-y}|i'}}{{}_{r-y}p_y v^{r-y}\ddot{a}_r}\div\frac{ks_y\ddot{a}_{\overline{y:r+1-y}|i'}}{{}_{r+1-y}p_y v^{r+1-y}\ddot{a}_{r+1}}$$

$$=\frac{\ddot{a}_{\overline{y:r-y}|i'}}{\ddot{a}_{\overline{y:r+1-y}|i'}}\times\frac{\ddot{a}_{r+1}vp_r}{\ddot{a}_r}$$

$$=\left(1-\frac{v^{r+1-y}{}_{r+1-y}p_y}{\ddot{a}_{\overline{y:r+1-y}|i'}}\right)\times\left(1-\frac{1}{\ddot{a}_r}\right)$$

因此，有

$$B_r=\left(1-\frac{v^{r+1-y}{}_{r+1-y}p_y}{a_{\overline{y:r+1-y}|i'}}\right)\times\left(1-\frac{1}{\ddot{a}_r}\right)B_{r+1}$$

2. 利率变动的影响

如果利率提高，缴费在退休时的累积额将随之提高，如果退休时积累额用于购买生存年金，当年金的利率不变时，每年得到的给付必然增加，如果年金的利率也相应增加，购买的年金价格降低，使给付额增加更快.

3. 死亡率变动的影响

死亡率降低，存活率提高，使在职期间的平均缴费累积额增加，用于购买年金的数额增加，同时，存活率提高也使退休后年金的价格提高，使退休时相同的缴费累积额购买的年金数额减少. 死亡率的综合水平通常用平均余寿的变动来表示.

4.8 我国分省养老保险隐性债务测算

我国对养老保险制度实施改革至今，一直存在着统筹层次过低、退休年龄过早、历史债务数额和职责不清、个人账户空账、养老基金偿付能力不足等问题，尽管经过二十年的改革，养老保险的统筹层次正在向省级统筹过渡，个人账户也正在进行做实的试点，但由于转轨引起的历史债务并没有解决，加上不同地区养老保险悬殊的差距，建立全国统筹的养老保险仍然困难重重.

这里，运用前面给出的精算模型，对我国 31 个省(自治区、直辖市)养老保险的历史债务进行测算.

4.8.1 数据处理与基本假设

测算各地区隐性债务需要的基础数据包括：分地区、分年龄、分性别的制度内人口、工资水平和死亡率. 所需的精算假设包括：利率、工资增长率、制度替代率等. 我国统一的企业职工基本养老保险制度从 1997 年开始实施，这里以 1997 年作为改革年，将参加养老保险人群划分为“老人”、“中人”和“新人”，并以 2000 年普查数据为依据，测算 2000 年各省市的隐性债务.

1. 基本假设

在测算中，假设利率为 3%，与之对应的贴现率 v 为 0.971. 假设工资增长率为 4%，工龄工资增长率为 1%，养老金随工资增长调整指数为 50%，养老金替代率为 80%.

由于没有各省市制度内人口死亡率数据，这里用城镇人口死亡率代替. 各省市城镇人口死亡状况数据来自 2000 年人口普查资料. 测算的 31 个省份中，西藏和新疆两省的普查资料中只有城镇人口 5 岁一组的分年龄组死亡数据，在处理时，假设在同一年龄组内死亡均匀分布，从而推算出分年龄的死亡概率.

另外，假设加入养老金计划的最低年龄为 16 岁，男性退休年龄为 60 岁，女性退休年龄为 55 岁，年龄上限与各地区城镇人口死亡状况数据中的年龄上限一致. 测算的 31 个省(自治区、直辖市)中，安徽省的年龄上限为 85 岁，宁夏回族自治区为 95 岁，其余省份均为 100 岁.

2. 制度内分年龄、分性别人口的推算

在统计资料中只能找到各地区参加基本养老保险的职工总人数和离休、退休、退职人口总数的数据，而没有分年龄、分性别的制度内人口数据. 因此，在测算中假设制度内人口的年龄、性别结构与城镇人口年龄、性别结构相同，再用 16 岁以上的城镇人口年龄、性别结构分摊制度内总人数，得到制度内分年龄、性别人口.

需说明的是，这里没有用城镇人口结构分别分摊参保职工人数和离休、退休、退职人数. 这是因为，如果分别分摊这两个总人数，会在退休年龄前后的在职人数和退休人数之间出现很大的跳跃. 出现这种情况的原因是离休、退休、退职人口总数中包含了一部分提前退休人口. 因此，在数据处理时，选择按城镇人口年龄结构分摊参保职工人数和离休、退休、退职人数之和，再以假设的退休年龄为界分别得到各地区 2000 年分年龄、分性别的“中人”和“老人”人数. 这样处理显然高估了“中人”债务，低估了“老人”债务，但实现了在职人数与退休人数之间的平滑，对总债务的影响不大.

各省市分年龄、性别的城镇人口数据来自 2000 年人口普查资料. 各省市参加基本养老保险的职工总数和离休、退休、退职人口总数来自 2001 年的《中国社会保险年鉴》.

3. 养老金水平的推算

由于没有相关统计资料，分地区、分年龄、分性别的“老人”养老金水平和“中人”既得养老金权益都需要推算得到.

在过去的制度下，退休者养老金水平是退休前一年工资乘以规定的替代率. 这里假设各地区的替代率均为 80%. 因此，为得到养老金水平必须先推算出各地分年龄、性别的职工工资水平和各年龄、性别组人口退休前一年的工资.

各地 2000 年职工平均工资的数据来自 2001 年的《中国统计年鉴》. 在 1%的工龄工资增长率假设和城镇人口年龄结构下，可以推算出各地 2000 年分年龄、性别的职工平均工资. 在 4%的年工资增长率下，可以推算出各年龄、性别组人口退休前一年的工资. 记 2000 年 x 岁年龄组人口退休前一年工资为 s_{r-1}.

如果假设养老金水平随工资增长调整指数为 50%，则 2000 年 x 岁“老人”当年的养老金水平 B_x^r 为

$$B_x^r = 80\% \times \frac{s_{r-1}}{(1+4\%)^{x-r}}(1+4\%\times 50\%)^{x-r}, \qquad x \geqslant r$$

其中，r 为退休年龄.

假设缴费每增加一年得到相同的养老金权益，这时，对于一个 y 加入养老保险，r 岁退休的参保“中人”，2000 年 x 岁时已积累的养老金权益 B_x^m 为

$$B_x^m = 80\% \times \frac{x-y}{r-y} s_{r-1}, \qquad y \leqslant x < r$$

养老金随工资增长的调整可以在计算年金系数时考虑. 此时的年金系数不再是定额年金，而是付款金额按几何级数增长的变额年金，其计算公式为

$$\ddot{a}_x = \sum_{t=0}^{w-x-1} {}_t p_x v^t (1 + l \cdot k)^t$$

其中，w 为人口年龄上限，${}_tp_x$ 为 x 岁人口存活到 $x+t$ 岁的概率，v 为贴现率、k 为工资增长率，测算中取 4%，l 为养老金随工资增长调整指数，测算中取 50%.

4.8.2　不同省区的隐性债务测算

在以上的债务测算模型、基本数据和假设基础上，可以测算出 2000 年我国 31 个省、自治区、直辖市的隐性债务额和债务占当地当年国内生产总值的比例. 测算结果见图 4-3、图 4-4 和表 4-1.

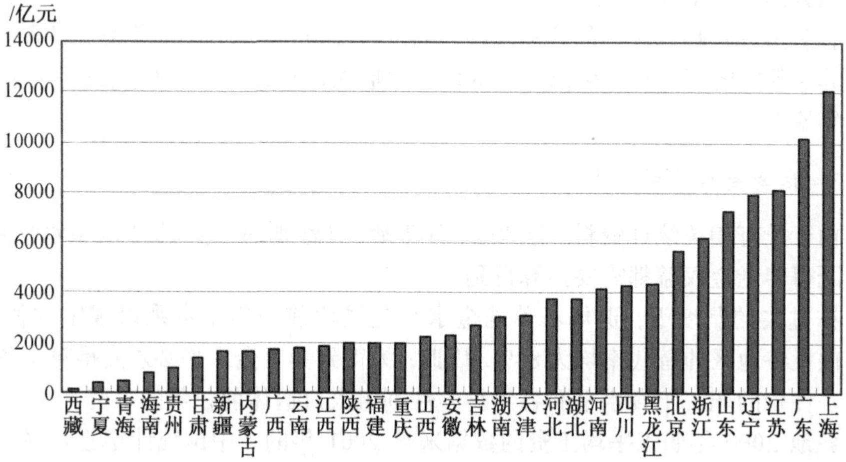

图 4-3　2000 年各地区养老保险制度隐性债务

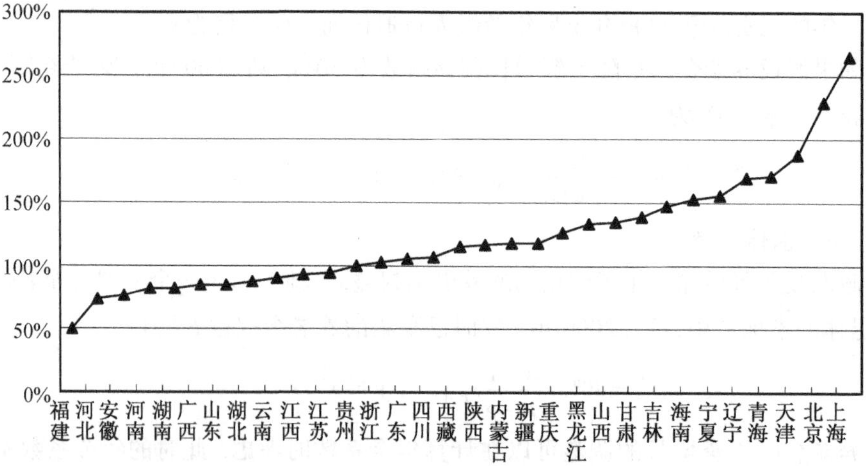

图 4-4　2000 年各地区养老保险制度隐性债务占 GDP 的比例

从测算结果看，2000 年全国养老保险隐性债务总额接近 110000 亿元，占当年国内生产总值的 125%. 在测算的 31 个省(自治区、直辖市)中, 上海市的隐性债务最大, 为 12000 亿元, 广东省的债务额也超过了 10000 亿, 西藏自治区、宁夏回族自治区、青海省等 13 个省(自治区、直辖市)的隐性债务额较少, 在 2000 亿元以下.

表 4-1　2000 年各地区养老保险隐性债务及占 GDP 的比例　(单位: 亿元)

地区	"中人"债务	"老人"债务	总债务	总债务占 GDP 的比例/%
全国	86995.48	22807.41	109802.89	124.51
福建	1605.80	376.18	1981.99	50.56
河北	3005.68	746.29	3751.96	73.73
安徽	1846.09	491.31	2337.40	76.93
河南	3332.71	856.81	4189.52	81.55
湖南	2400.01	611.55	3011.55	81.57
广西	1365.89	365.60	1731.48	84.46
山东	5788.63	1492.92	7281.54	85.24
湖北	3045.81	711.40	3757.21	87.86
云南	1403.59	349.22	1752.81	89.65
江西	1490.26	362.48	1852.75	92.50
江苏	6406.76	1726.89	8133.64	94.77
贵州	785.15	213.40	998.56	100.51
浙江	5001.37	1186.41	6187.78	102.51
广东	8404.89	1765.01	10169.90	105.25
四川	3346.51	943.76	4290.27	106.98
西藏	115.35	19.97	135.33	115.21
陕西	1536.59	412.56	1949.15	117.35
内蒙古	1325.93	330.49	1656.42	118.23
新疆	1259.21	360.81	1620.02	118.74
重庆	1567.43	433.84	2001.27	125.92
黑龙江	3412.52	927.22	4339.74	133.41
山西	1793.30	428.65	2221.95	135.17
甘肃	1078.33	289.70	1368.03	139.12
吉林	2130.67	554.38	2685.06	147.43
海南	632.43	159.85	792.28	152.81
宁夏	331.38	81.52	412.90	155.48
辽宁	6146.22	1758.34	7904.56	169.30
青海	351.91	99.36	451.27	171.20
天津	2403.83	672.61	3076.44	187.66
北京	4374.14	1317.30	5691.44	229.61
上海	9307.08	2761.57	12068.66	265.18

隐性债务的绝对水平与各地区的参保人口规模、人口结构、工资水平有密切联系，债务额绝对值大不一定说明该地区养老负担重，养老负担可以用隐性债务占各地国内生产总值的比例来衡量. 上海市的隐性债务占其国内生产总值的比例高达 265%，在各省市中居最高. 由于上海曾是全国最大的工业基地，且其人口老龄化程度较全国其他地区严重，因此上海市的养老负债远高于全国其他省市. 此外，北京市、天津市的隐性债务占 GDP 的比例也比较高，在 180%以上. 福建省的隐性债务占 GDP 的比例最低，为 51%，有 11 个省的隐性债务额占 GDP 的比例小于 100%.

如果以各省市隐性债务占当地 GDP 的比例来衡量养老债务负担水平，可根据这一指标将 31 个省市大致分为三类：第一类地区债务负担较重，其隐性债务占当地 GDP 的比例超过 150%；第二类地区债务负担一般，其隐性债务占当地 GDP 的比例为 100%~150%；第三类地区债务负担较轻，其隐性债务占当地 GDP 的比例不超过 100%. 分类结果见图 4-5.

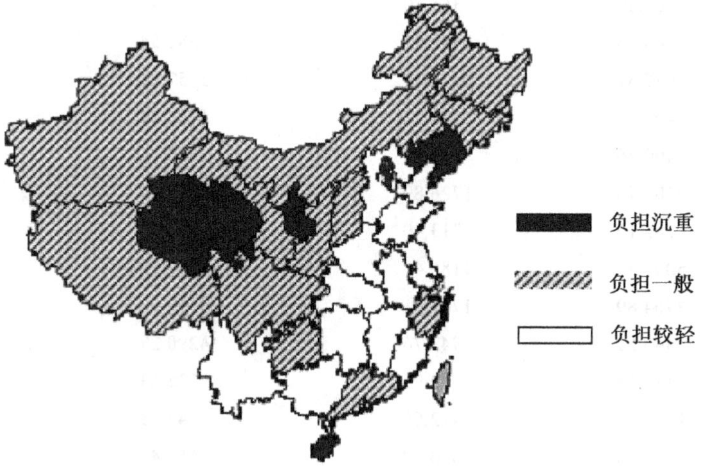

图 4-5　各省市养老保险制度隐性债务负担情况

从图 4-5 中可以看出，我国养老保险制度隐性债务负担较重的地区主要是上海市、北京市、天津市以及青海省、辽宁省、宁夏回族自治区、海南省这 7 个省市自治区. 东南部地区的养老负担普遍低于西北内陆地区.

4.8.3　不同年度的到期债务

到期债务是各年需支付给已退休“中人”和“老人”的养老金总额，是衡量为偿还过去制度承诺的待遇，也就是逐年偿还过去制度的债务，需要在测算年度支付的数额. 我们选择了在地理位置和隐性债务水平上具有代表性的云南省、吉林省、北京市、广东省 4 个省市，测算他们在未来各年为支付债务需要的支出. 图 4-6 和表 4-2 是云南省、吉林省、北京市、广东省的债务到期时间分布图.

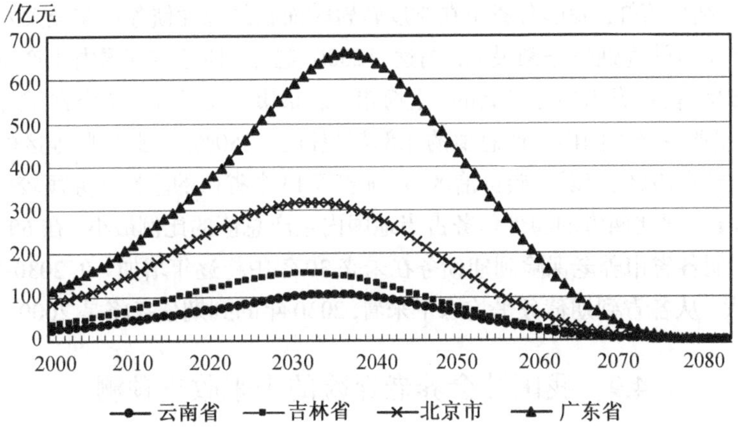

图 4-6　云南省、吉林省、北京市、广东省 4 省市到期债务时间分布

由于在测算中假设各地加入计划的最低年龄为 16 岁、这四个省市的年龄上限均为 100 岁，因此制度的债务将在 2083 年、即所有“中人”全部死亡时还清. 从图 4-6 中可以看出，各地的养老金到期债务会随着退休“中人”的增加而逐年增加，随后随着“老人”和“中人”人数的减少而逐年减少. 云南省、吉林省、北京市、广东省 4 省的到期债务达到最大值的年份依次为 2034 年、2031 年、2032 年和 2036 年，到期债务达到最大值的年份上，各省到期债务将比 2000 年时的到期债务分别增加 3.5 倍、3.2 倍、2.7 倍和 4.7 倍.

表 4-2　云南、吉林、北京、广东 4 省市各年到期债务　　(单位：亿元)

年份	云南省	吉林省	北京市	广东省	总额
2000	23.38	36.59	85.73	116.32	1494.19
2010	44.65	71.88	153.28	222.84	2894.26
2020	70.66	121.65	253.66	380.33	4748.43
2030	100.75	154.34	316.44	591.48	6249.35
2040	97.84	131.76	282.31	638.71	5666.64
2050	60.22	75.63	164.61	432.45	3402.40
2080	0.12	0.32	0.42	1.26	11.89

其他省份的到期债务时间分布情况与这四个省份大体一致. 多数省份的到期债务达到最大值的时间在 2030~2035 年. 因而，对各省市来说，当前并不是历史债务偿还负担最重的时期. 如果保持当前制度，各地区的历史债务继续由本地消化，那么到 2030 年以后，各地区的养老金支出中用于“老人”养老金和“中人”过渡性养老金支出的比例将比当前有大幅提高，从各省平均情况来看，2030 年时的到期债务总额将是现在的 4 倍. 那时，各地区在养老负担上的差异也将更加显著.

从测算结果可知，我国各省市在制度转轨时面临的隐性债务存在较大差异. 31 个省市中，上海市的隐性债务额最大，高达 12000 亿元，债务占其国内生产总值的比例达到了 265%，在各省市中是最高的. 上海市、北京市、天津市等 7 个省(自治区、直辖市)的隐性债务占当地国内生产总值的比例都超过了 150%，因此这些地区的债务负担很重. 而西藏自治区、宁夏回族自治区、青海省等13个省市的隐性债务额较少，在2000亿以下，福建、河北两省的隐性债务占当地国内生产总值的比例最小，在 60%以下. 另外，测算表明各省市养老保险到期债务在未来 30 年中将逐年增加，在 2030~2035 年前后达到最大. 从各省到期债务平均水平来看，2030 年的到期债务将是 2000 年的 4 倍.

4.9 我国社会养老保险的未来收支预测

4.9.1 数据和假设

对养老保险未来收支的预测，需要人口、参保人口、工资、利率、养老金待遇及其调整、缴费水平等基础数据，涉及对人口、经济和制度未来发展的预测. 人口预测是一项专项研究，一般由国家权威机构依据人口普查或人口抽样调查数据，在未来人口生育率、死亡率和迁移率假设下，预测未来人口和人口结构. 我国已有的人口预测基于不同的预测目标，并没有公认的、权威的预测结果. 为了简化计算，这里采用联合国人口司提供的居中假设下对中国人口的预测结果. 联合国人口预测按 5 年分组，提供每隔 5 年的 5 岁组人口预测数据. 为了与我国统计年鉴中的工资、参保等其他数据年份对应，这里选择 2005 年为预测基年，以 2050 年为测算终年. 2005 年的参保、工资、利率等数据来源于中国统计年鉴和中国劳动统计年鉴.

1. 未来人口和人口结构

按照 2008 年联合国居中假设下的中国人口预测数据[①]，以中国 2000 年第五次人口普查和 2005 年 1%人口抽样调查数据为基础，假设妇女总和生育率 2005~2010 年为 1.77，2045~2050 年为 1.88，预期寿命 2005~2010 年为 73 岁，2045~2050 年为 79.3 岁，人口净迁出 2005~2010 年每年平均为 34.6 万人，2045~2050 年平均每年为 30.4 万人. 预测区间为 2010 至 2050 年，预测年份为预测区间中每隔 5 年对应的年份. 表 4-3 列出了相关年份的人口数和人口比例.

从表中数据可见，未来人口总数大约在 2030 年达到最高峰，人口总数为 14.62 亿，之后人口总数呈缓慢下降趋势，到 2050 年为 14.17 亿人. 劳动年龄人口在 2015 年左右达到峰值 8.86 亿人，之后逐年减少，到 2050 年减少为 7.14 亿人. 老年人口数持续增长，从 2005 年的 1.7 亿人增加到 2050 年的 4.87 亿人. 2005 年 60 岁以上

① 数据来源：Population Division of the Department of Economic and Social Affairs of the United Nations Secretariat, *World Population Prospects: The 2008 Revision*. http://esa.un.org/unpp.

人口比例已超过 10%，人口跨入老年社会，到 2030 年，这一比例将达到 23.41%，2050 年进一步提高到 31.08%，表明每 100 人中就有 30 个是老年人，这一水平远远高于世界平均水平和发展中国家，接近发达国家的水平. 80 岁以上人口系数从 2005 年的 1.2%提高到 2050 年的 7.2%，表明人口高龄化严重. 从老年抚养比看，2005 年，60 岁以上老年人口在劳动年龄人口中的比例，即老年人口抚养比为 16.14%，这一指标到 2030 年接近 40%，到 2050 年接近 58%，也就是不到 2 个劳动年龄人口负担 1 个老年人口，老年人口的负担越来越沉重.

表 4-3　2005~2050 年人口和人口比例

年份	2005	2010	2015	2020	2025	2030	2035	2040	2045	2050
人口数/亿人	13.1	13.5	13.9	14.3	14.5	14.6	14.6	14.5	14.4	14.1
劳动年龄人口数/亿人	8.53	8.79	8.86	8.76	8.49	8.19	8.03	7.87	7.52	7.14
老年人口数/亿人	1.70	2.05	2.44	2.86	3.42	3.97	4.29	4.46	4.68	4.87
60 岁以上人口系数/%	10.8	12.3	14.8	16.7	19.6	23.4	26.4	27.5	28.7	31.1
80 岁以上人口系数/%	1.2	1.4	1.7	2.0	2.2	2.8	3.8	4.5	5.6	7.2
60 岁以上人口抚养比/%	16.1	18.1	22.4	25.9	31.5	39.2	45.7	48.1	51.2	57.9
劳动年龄人口比例/%	65.0	64.9	63.5	61.2	58.4	56.0	54.9	54.1	52.2	50.4

2. 未来参保人口与参保年龄结构

参保缴费人口数依据人口和参保覆盖率及养老保险费遵缴率计算. 我国当前的基本养老保险只覆盖城镇就业人口，这里将参保人口覆盖率进一步分解为城镇人口比例、城镇人口就业率和参保人口在城镇人口中的比例三项，考虑到我国男女法定退休年龄差异，设男性 60 岁退休，女性 55 岁退休，缴费人口数的计算公式如下：

$$
\begin{aligned}
\text{缴费人口数} = &(15\sim59\text{ 岁男性人口数} + 15\sim54\text{ 岁女性人口数})\\
&\times\text{相同年龄段的城镇人口比例}\times\text{相同年龄段的就业率}\\
&\times\text{养老保险覆盖率}\times\text{养老保险费遵缴率}
\end{aligned}
$$

前面的预测结果提供了 15~59 岁男性和 15~54 岁女性人口数，2005 年的城镇人口比例、城镇劳动年龄人口就业率依据 2005 年 1%人口抽样调查数据得到，2005 年制度覆盖率为在职参保人口数与城镇就业年龄人口数之比，以后年份的假设列入表 4-4 中，其他年份假设数据用线性插值法得到.

表 4-4　各要素假设水平　(单位：%)

年份	2005	2010	2015	2020	2025	2030	2035	2040	2045	2050
城镇人口比例	0.456	0.494	0.533	0.571	0.61	0.648	0.647	0.647	0.646	0.645
城镇就业率	0.698	0.698	0.698	0.698	0.698	0.698	0.698	0.698	0.698	0.698
覆盖率	0.48	0.534	0.588	0.642	0.696	0.75	0.75	0.75	0.75	0.75

某年的待遇领取人数可以分为上年已取得领取资格并在本年继续领取养老金的人数和新增的领取人数两部分，假设新增领取人数是每年正常退休的人数.

t 年待遇领取人数 $=t-1$ 年待遇领取人数 × 生存概率
+ t 年新增的待遇领取人数

t 年新增的待遇领取人数 $=t-1$ 年 55~59 岁的男性缴费人数× 对应年龄的生存概率
+ $t-1$ 年 50~54 岁女性缴费人数× 对应年龄的生存概率

依据 2008 年中国统计年鉴提供的数据，2005 年参保在职缴费人数为 1.3 亿人，参保离退人数为 4367.5 万人，为了获得新增离退休人口数，需要估计出分年龄参保人口数，这里假设在职参保的人口年龄结构与城镇就业者年龄结构相同，参保离退休人口的年龄结构与城镇老年人口年龄结构相同.

依据前面给出的基础数据和假设，测算的未来制度覆盖人口及制度内抚养比列入表 4-5 中.

表 4-5　制度内人口、制度内抚养比和制度覆盖率

年份	2005	2010	2015	2020	2025	2030	2035	2040	2045	2050
总缴费人口/亿人	1.30	1.62	1.94	2.24	2.51	2.78	2.72	2.66	2.54	2.41
总领取人口/亿人	0.44	0.46	0.51	0.59	0.75	0.96	1.14	1.27	1.42	1.54
制度内抚养比/%	33.5	28.2	26.1	26.5	29.9	34.4	42.0	47.8	55.8	63.9

可见，未来年份制度内缴费人口和领取人数均呈增长趋势，缴费人数在 2030 年达到 2.78 亿的峰值，以后年份缴费人数逐年缓慢减少. 待遇领取人数在未来 40 多年内呈持续增长趋势，从 2005 年的 0.44 亿人增长到 2050 年超过 1.5 亿人. 由于缴费和领取人口增长比例的差异，使制度内人口抚养比呈现先降后升的趋势，2005 年制度内抚养比为 33.5%，到 2015 年降低到 26.1%的最低水平，以后年份抚养比逐年提高，到 2050 年提高到 63.9%. 在未来的大部分年份里，制度内抚养比高于人口抚养比.

4.9.2　社会养老保险的未来收支预测

在参保人口和待遇领取人口、工资和参保工资水平及其未来变动、缴费率及其未来变动、待遇水平及其未来变动等的基础数据和假设下，可以对未来的年度收支作出预测，基础数据和对未来的假设列入表 4-6 中.

年度缴费收入 = 缴费人数 × 社会平均工资
× 缴费工资占社会平均工资的比例 × 缴费率

年度支出 = 待遇领取人数 × 人均平均待遇水平

表 4-6　未来收支预测的相关精算假设

年份	2005	2010	2015	2020	2025	2030	2035	2040	2045	2050
缴费工资占社会平均工资比例/%	60	60	60	60	60	60	60	60	60	60
工资增长率/%	7.8	8.4	8.4	7.2	7.2	5.2	5.2	4.3	4.3	3.8
缴费率/%	28	28	28	28	28	28	28	28	28	28
基金积累利率/%	4	4	4	4	4	4	4	4	4	4
待遇调整/%	5.6	5.6	5.6	4.9	4.9	3.9	3.9	3.5	3.5	3.2
养老金人均领取额/万元	0.88	1.16	1.52	1.99	2.53	3.22	3.89	4.72	5.60	6.65
社会平均工资/万元	1.84	2.67	4.00	5.99	8.48	12.00	15.47	19.93	24.60	30.36

依此计算的养老保险未来收支见图 4-7.

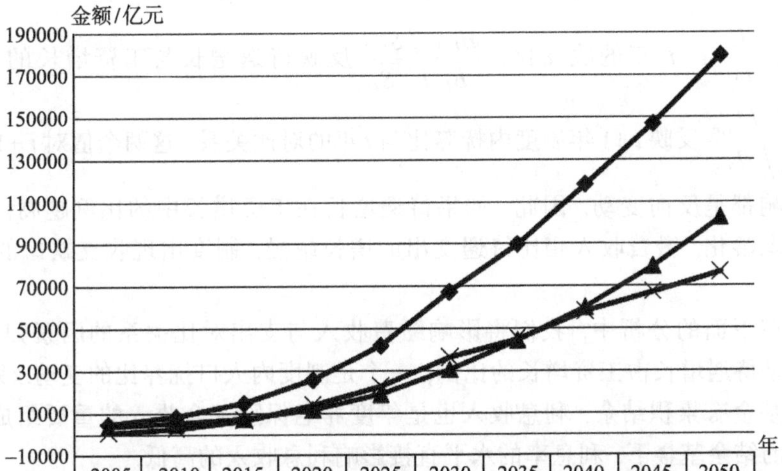

	2005	2010	2015	2020	2025	2030	2035	2040	2045	2050
—◆—年度收入	4896	8381	14800	25887	42170	67412	89965	118292	146864	179355
—▲—年度支出	3845	5282	7692	11848	19032	30765	44439	60024	79445	102455
—×—年度结余	1052	3099	7109	14039	23138	36647	45526	58268	67419	76900

图 4-7　2005-2050 年养老保险的年度收支和结余

由于养老金增长低于工资的增长幅度，使未来年度内养老保险的年度收入总是能够满足年度支出，年度收支是有结余的. 但这种年度结余是以养老金替代率逐年下降为代价的.

4.9.3 人口、经济、制度等因素对社会养老保险未来收支的影响

前面的测算分析建立在对人口、经济和制度等因素在未来一定发展假设的基础上，如果这些因素的水平发生变化，对未来收支将产生影响.

为了方便，这里以 I_t 表示 t 年收入，O_t 表示 t 年支出，$L_{t,a}$ 表示 t 年参保的缴费人数，$L_{t,r}$ 表示 t 年待遇领取人数，$\overline{S}_t$ 表示 t 年的社会缴费工资，$\overline{B}_t$ 表示 t 年人均待遇，C_t 表示 t 年的缴费率，则有

$$I_t = L_{t,a}\cdot\overline{S}_t\cdot C_t,\quad I_{t+1} = L_{t+1,a}\cdot\overline{S}_{t+1}\cdot C_{t+1}$$

$$O_t = L_{t,r}\cdot\overline{B}_t,\quad O_{t+1} = L_{t+1,r}\cdot\overline{B}_{t+1}$$

$$I_{t+1} = I_t\times\frac{L_{t+1,a}}{L_{t,a}}\times\frac{\overline{S}_{t+1}}{\overline{S}_t}\times\frac{C_{t+1}}{C_t},\quad O_{t+1} = O_t\times\frac{L_{t+1,r}}{L_{t,r}}\times\frac{\overline{B}_{t+1}}{\overline{B}_t}$$

如果忽略年末结余基金的利息，仅对比当年的缴费收入和养老金支出，并且假设缴费率不变，那么，$t+1$ 年缴费收入与支出的对比关系可以写成如下的关系式：

$$\frac{I_{t+1}}{O_{t+1}} = \frac{I_t}{O_t}\times\left(1\Big/\frac{\overline{B}_{t+1}}{\overline{B}_t}\Big/\frac{\overline{S}_{t+1}}{\overline{S}_t}\right)\times\left(1\Big/\frac{L_{t+1,r}}{L_{t+1,a}}\Big/\frac{L_{t,r}}{L_{t,a}}\right) \tag{4.71}$$

其中，$\frac{I_t}{O_t}$ 是 t 年的收支比，$\frac{\overline{B}_{t+1}}{\overline{B}_t}\Big/\frac{\overline{S}_{t+1}}{\overline{S}_t}$ 反映待遇增长与工资增长的对比关系，$\frac{L_{t+1,r}}{L_{t+1,a}}\Big/\frac{L_{t,r}}{L_{t,a}}$ 反映 $t+1$ 年制度内抚养比与 t 年的对比关系，这两个值对 $t+1$ 年收支比的影响都呈反向变动. 因此，如果待遇增长在工资增长中的比例越高，制度内人口越老龄化，缴费收入相比待遇支出的增长越慢，制度出现收支缺口的可能性越大.

在下面的分析中，我们将影响缴费收入与支出对比关系的因素归纳为两个，一个是待遇增长占工资增长的比例，一个是制度内人口抚养比的变动. 另外，如果养老基金有累积结余，利息收入也是年度养老保险基金收入的重要组成部分，在一定的结余基金下，利息率的水平直接影响利息收入的高低.

1. 养老金增长相对工资增长的变动对未来收支的影响

为了表示上的方便，设 t 年的工资增长率为 g_t，养老金增长率为 k_t，则

$$\frac{\overline{B}_{t+1}}{\overline{B}_t}\Big/\frac{\overline{S}_{t+1}}{\overline{S}_t} = \frac{1+k_{t+1}}{1+g_{t+1}}$$

由于养老金增长率通常不超过工资增长率，从而，$\frac{1+k_{t+1}}{1+g_{t+1}}$ 的值不超过 100%. 如果假设其他因素不变，在基年养老保险收支比的基础上，当 $\frac{1+k_{t+1}}{1+g_{t+1}}$ 等于100%时，

养老金增长与工资增长的对比关系对预测年的收支比不产生影响，也就是说，预测年的养老基金收支比保持过去的水平不变. 当 $\frac{1+k_{t+1}}{1+g_{t+1}}$ 的值小于 100%时，将使预测年的收支比提高，提高幅度为 $\frac{g_{t+1}-k_{t+1}}{1+k_{t+1}}$.

图 4-8 给出了在基础假设下，养老金替代率保持不变下的未来收支预测.

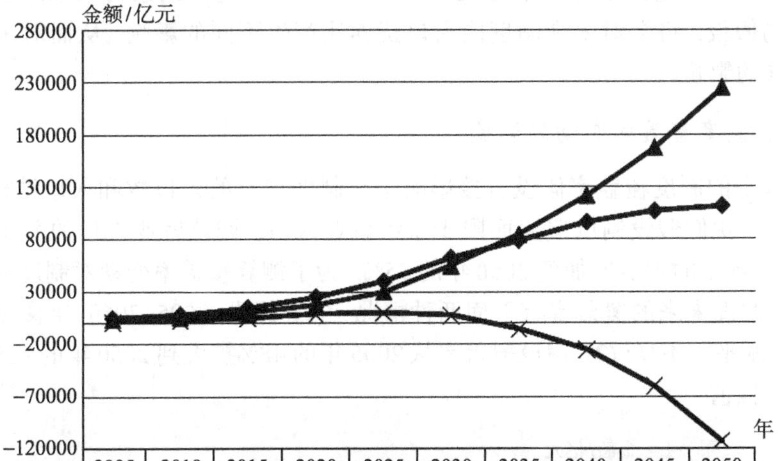

	2005	2010	2015	2020	2025	2030	2035	2040	2045	2050
—◆—年度收入	4896	8381	14676	25296	40322	62668	78933	96169	106606	111349
—▲—年度支出	3845	5856	9719	17063	30550	55041	84603	121604	167266	224179
—×—年度结余	1052	2526	4957	8233	9772	7628	−5669	−25435	−60660	−11283

图 4-8　保持养老金平均替代率不变下的未来收支预测

2. 制度内人口抚养比变动对未来收支的影响

在前面的基础假设下，制度内人口抚养比呈现先降低后提高的变动趋势，这种变动对养老基金收支比产生了先提高后降低的影响. 与上节的分析方法类似，制度内人口抚养比的变动对养老基金收支的影响程度，列入表 4-7 中，为了对比，同时列出在基础假设下，养老金增长相对工资增长变动对养老基金收支的影响.

表 4-7　各影响因素对收支比增长率的影响　　　　(单位：%)

分类	2005	2010	2015	2020	2025	2030	2035	2040	2045
待遇增长低于工资增长的影响	10.9	14.0	14.0	11.5	11.5	6.4	6.4	3.9	3.9
制度内人口老龄化的影响	18.8	7.8	−1.3	−11.4	−13.1	−18.0	−12.2	−14.3	−12.7
总影响	31.8	22.9	12.5	−1.2	−3.2	−12.7	−6.6	−10.9	−9.3

从表中可见，由于制度内人口老龄化程度的变动，在 2014 年前，覆盖人口相对年轻，使养老基金的收支比提高，表明收入增长大于支出的增长，从 2015 年起，人口老龄化加速，使养老基金的收支比出现降低趋势(负增长)，待遇调整和人口老龄化对养老基金收支比的总体影响在 1019 年前呈逐步降低的增长趋势，到 2020 年后出现逐年降低的趋势.

制度内人口抚养比的变动决定于人口生育率、死亡率、迁移率、养老保险制度覆盖率以及规定的退休年龄等人口和制度因素. 对这些因素的未来发展水平作出不同的假设，将会对未来制度内人口抚养比产生不同的影响，从而对未来收支产生不同的影响.

3. 制度覆盖率变动的影响

未来的制度覆盖率假设直接影响未来制度覆盖的人口数和人口结构，在基础假设下，我们假设制度覆盖面限于城镇就业人口，城镇就业人口的养老保险覆盖率从 2005 年的 48%增加到 2050 年的 75%. 为了测算覆盖率变动对制度财务收支的影响，假设未来的覆盖率有下面两种情况：(1) 假设 2005~2050 年覆盖率保持在 48%的水平上不变; (2) 假设覆盖率从 2005 年的 48%扩大到 2050 年的 95%，其他年份线性插值.

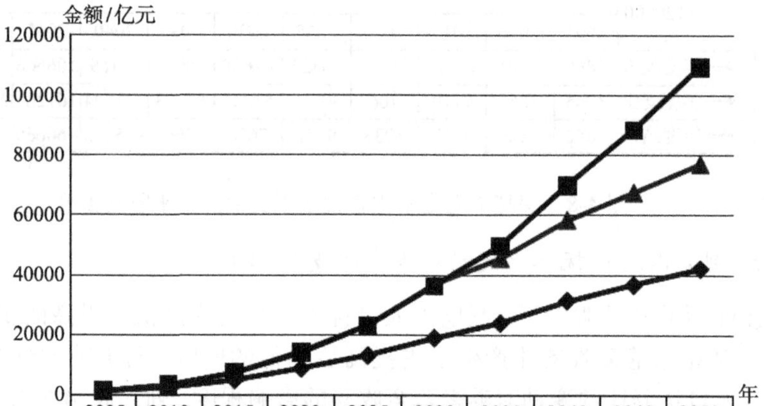

	2005	2010	2015	2020	2025	2030	2035	2040	2045	2050
基础假设	1052	3099	7109	14039	23138	36647	45526	58268	67419	76900
恒定48%	1052	2363	4768	8605	12944	18881	23866	31356	36622	42046
扩大到95%	1052	3075	7032	13860	22802	36062	49732	69881	88374	109509

图 4-9　不同制度覆盖率假设下的年度基金结余

如果保持养老金和工资同步增长，且覆盖面从 2005 年的 48%扩大到 2050 年的 95%，未来年份的收支和结余见图 4-10. 可见，尽管扩大覆盖面，增加了缴费人数，但待遇水平的居高不下仍然会使制度从 2035 年出现支付赤字.

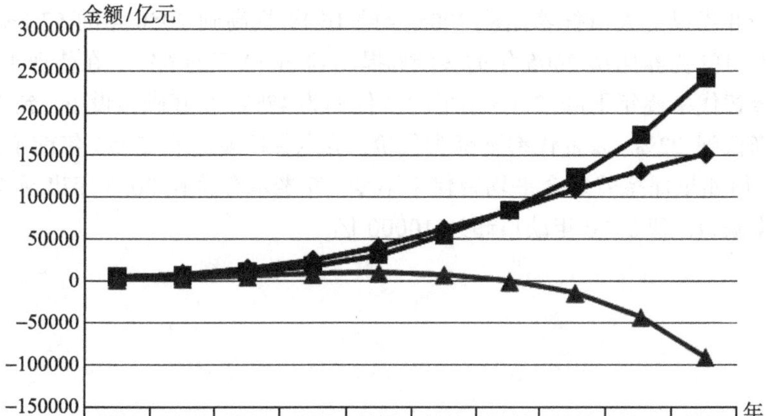

	2005	2010	2015	2020	2025	2030	2035	2040	2045	2050
年度收入	4896	8357	14592	25089	39906	61905	82840	108343	130544	151127
年度支出	3845	5856	9701	16994	30364	54629	83916	122625	173872	242163
年度结余	1051	2501	4891	8095	9543	7276	−1077	−14281	−43328	−91035

图 4-10　扩大覆盖面并保持养老金与工资同步调整下的未来收支

4. 利率变动对未来收支的影响

利率变动对未来收支的影响表现在利息率对结余基金利息收入的影响上. 在基础假设中, 我们假设利率为 4%, 为了对比分析, 这里增加利率为 3%和 5%两个假设下对未来收支影响的测算.

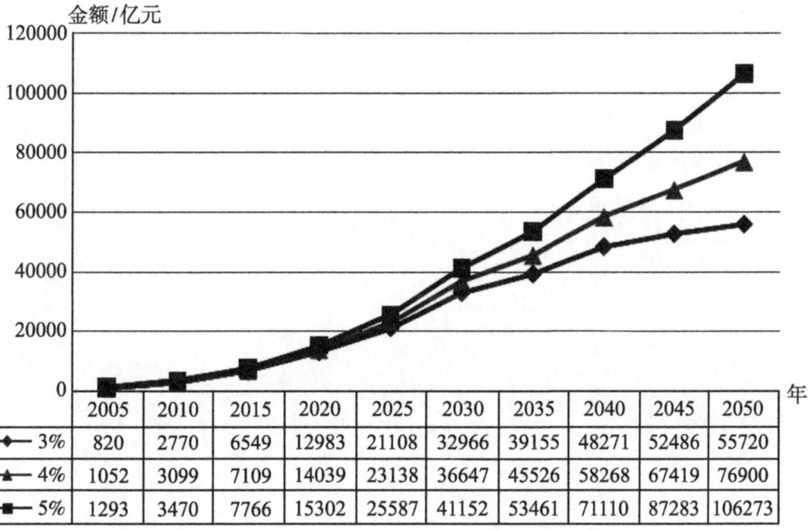

	2005	2010	2015	2020	2025	2030	2035	2040	2045	2050
3%	820	2770	6549	12983	21108	32966	39155	48271	52486	55720
4%	1052	3099	7109	14039	23138	36647	45526	58268	67419	76900
5%	1293	3470	7766	15302	25587	41152	53461	71110	87283	106273

图 4-11　不同利率假设下的年度基金结余

可见, 在未来的几十年里, 我国人口和养老保险参保人口的老龄化程度持续加重，60 岁以上人口抚养比从 2005 年的 16.1%提高到 2050 年的 57.1%，养老保险参保人口的抚养比从 2005 年的 33.5%提高到 2050 年的 64%. 在待遇水平上，平均养老金替代率逐年下降，2005 年平均替代率为 48%，在基础假设下，到 2050 年替代率将降低到 22%. 以替代率下降为代价，养老保险基金在 2050 年前不会出现收支缺口. 但如果保持养老金平均替代率不变，养老基金将在 2035 年出现 5000 多亿元的收支缺口，到 2050 年缺口超过 10000 亿.

第 5 章　医疗保险精算管理

由于经济发展水平、传统文化、价值理念等的差异，世界各国医疗保险的制度模式存在差异，主要包括：福利型医疗保险，统筹型医疗保险，特别限定型医疗保险，公私结合型医疗保险以及强制储蓄型医疗保险等几种模式．我国的医疗保障制度由城镇职工基本医疗保险制度、新型农村合作医疗制度以及城乡医疗救助制度构成．城镇职工基本医疗保险采取社会统筹与个人账户相结合的模式，由社会保险机构筹集医疗保险基金，并由公立医疗机构提供服务．新型农村合作医疗制度由政府引导，农民自愿参加，以大病统筹为主的农民医疗互助共济制度，是当前农村地区医疗保障制度的主导类型．城乡医疗救助制度是对城镇和农村有特殊困难的群众提供的医疗救助．

5.1　我国的医疗保险制度

5.1.1　我国的城镇职工基本医疗保险制度

我国医疗保险制度最早的法律文件是 1951 年原政务院公布的《保险条例》，由企业缴费建立社会或企业保险基金，享受对象主要是全民所有制企业的职工，集体企业参照执行，职工直系亲属按规定享受部分项目的半费待遇．1952 年，政务院发布了《关于全国各级人民政府、党派、团体及所属事业单位的国家工作人员实行公费医疗预防的指示》，从此，开始实行国家干部公费医疗制度．到 1956 年，劳保医疗制度和公费医疗制度已基本建立起来．1966~1976 年，已初步建立起来的社会医疗保险制度遭到了严重的破坏，逐步演变为单位自筹经费的“企业保险”．随着社会主义市场经济体制的改革，原有的企业保险无论从覆盖面和保障程度上，都不能满足人们日益增长的医疗需求，同时，原有制度缺乏社会化管理，没有不同企业之间的互济与协调，风险不能有效分散，使不同企业的医疗费用负担程度差异很大．一些劳动密集型企业不负重荷，失去了市场竞争力．同时，公费和劳保医疗没有合理的卫生事业结构和适当的卫生费用控制机制，造成医疗费用急剧膨胀，使得国家与企业的财政负担过重．据统计，医疗费用年增长率远超过国家财政收入增长率，庞大的医疗费用主要由国家和企业共同承担，而享受到医疗保险的人数则只占很小一个比例，体现不出全民保障的性质，使医疗保险制度不能确保职工的基本医疗保障，同时也阻碍了市场经济体制的建立．80 年代以来，针对公费和劳保医疗制度的弊端，各地进行了不同形式的职工医疗保险制度改革的探索．1994

年，国务院选择了江苏省镇江市和江西省九江市，采用社会统筹与个人账户相结合的方式，进行医疗保险制度改革试点. 到1996年，试点扩大到近40个城市. 1998年12月，国务院颁布了《关于建立城镇职工基本医疗保险制度的决定》.《决定》规定了医疗保险制度改革的主要任务是建立城镇职工基本医疗保险制度，改革的基本原则是基本医疗保险提供的保障水平与社会生产的发展水平相适应，城镇所有用人单位及其职工都要参加基本医疗保险，保险费由用人单位和职工共同负担，实行社会统筹与个人账户相结合的方式. 单位缴费率的最高限为职工工资总额的6%，职工缴费一般为本人工资收入的 2%，随着经济的发展，单位和个人缴费率可作相应调整. 基本医疗保险基金分为社会统筹基金和个人账户基金，个人账户基金由个人缴费和单位缴费的一部分形成，用于社会统筹基金起付标准以下的医疗费支付，社会统筹基金的起付标准原则上控制在当地职工年平均工资的 10%左右，最高支付额原则上控制在当地职工年平均工资的 4 倍. 超过最高限额的医疗费用，通过商业医疗保险途径解决. 吸取养老保险社会统筹基金与个人账户基金混合管理的教训，在基本医疗保险改革的决定中，要求分开社会统筹基金与个人账户基金，独立核算，不得互相挤占. 社会统筹与个人账户相结合是医疗保险制度改革的核心内容，社会统筹基金部分实现了基金的互助共济、统筹调剂，有利于实现风险的共担和基金横向调剂，实现社会公平. 个人账户建立了自我保障和储蓄积累机制，减少道德风险，同时强化了职工为健康积累基金的意识. 为了避免医疗保险基金的挪用和滥用，规定基本医疗保险的行政管理和事业经办要分开，医疗保险基金纳入财政专户管理，专款专用，基本医疗保险经办机构的事业经费由财政预算解决，不得从基本医疗保险基金中提取. 为了使基金收支平衡，提出采用以支定收，收支平衡的原则. 医疗保险制度的改革与医疗体制和医药体制密切相关，为了控制医疗费用的膨胀，保障职工基本医疗权利的实现，需要也对医疗和医药制度进行配套改革. 1999 年，各地根据中央的改革方案，城镇职工基本医疗保险制度开始全面展开.

2000 年后，面对医疗卫生服务和医疗保障制度改革中的体制性障碍，国务院提出“三改并举”的改革思路，开始同步推进医疗保险、医疗卫生体制和药品流通体制改革. 2003 年 5 月通过了《关于城镇灵活就业人员参加基本医疗保险的指导意见》，将基本医疗保险制度的覆盖面扩展到“以非全日制、临时性和弹性工作等灵活形式就业的人员”. 在 2006 年 11 月公布的《劳动和社会保障事业发展“十一五”规划纲要(2006~2010 年)》中，提出“进一步扩大社会保障覆盖范围，基本实现城镇各类就业人员平等享有社会保障”，要“不断完善城镇基本医疗保障政策和管理，建立健全运行机制，加快城镇医疗救助制度建设，进一步规范补充医疗保险，构建以基本医疗保障为主体，以保障大病风险为重点，兼顾多层次需求的医疗保障体系，逐步扩大医疗保障覆盖范围.”截至 2009 年年底，参加城镇基本医疗保险人数为

40147 万人，其中参加城镇职工基本医疗保险人数为 21937 万人，参加城镇居民基本医疗保险人数为 18210 万人. 在职工基本医疗保险参保人数中. 参保职工 16410 万人，参保退休人数 5527 万人. 参加医疗保险的农民工人数为 4335 万人. 全年城镇基本医疗保险基金总收入 3672 亿元，支出 2797 亿元，累积结余 2882 亿元，个人账户积累 1394 亿元.

虽然城镇职工基本医疗保险的覆盖面迅速扩大，但是现行制度仍然存在许多问题. 首先，目标人群相对局限. 在我国基本医疗保险建立之初，基本医疗保险首先是为原来计划经济体制下参加公费医疗和劳保医疗的正规就业人群准备的，后来才逐渐向其他在非正规就业的城镇就业人员开放，政策上的倾向性使得非原公费劳保人员在参保过程中面临许多实际问题，阻碍了参保覆盖面的扩大. 因此，各地医疗保险经办机构在当前的扩面工作中，除了要进一步做好灵活就业人员的参保工作外，还要采取积极措施，大力推进混合所有制和非公有制经济组织从业人员的参保，包括推进农民工参加基本医疗保险的专项扩面行动，并逐步解决困难人员参加医疗保险的问题.

其次，人口老龄化为城镇职工基本医疗保险带来了新的问题和挑战. 随着我国人口老龄化进程的进一步加快，在基本医疗保险的参保人群中，离退休人员比重迅速攀升，这必将导致基本医疗保险的负担进一步加重. 如何在新的形势下发展基本医疗保障，扩大基本医疗保险的覆盖面，加强基本的抗风险能力，应对即将到来的老龄化危机，需要进行更深入的研究.

再次，当前医疗卫生体制改革远远不能适应新的社会医疗保险体制需要. 医疗资源有限、医疗机构收费不合理，大量检查、药品费用偏高以及对医疗费用支出管理控制不力，导致看病难、看病贵的问题一直得不到明显的改观. 因此，处理好医疗保险制度改革与医疗机构改革滞后的矛盾是当务之急，应该切实做好医疗服务管理，优化医疗资源、控制医疗费支出，并建立经济、便利的就诊体系.

最后，基金大量结余与使用率低下问题共存. 自从 1998 年城镇职工医疗保障制度正式建立以来，从全国来说，医疗保险基金每年都有结余. 2001 年以来，基金的累计结余已经超过了基金的当年支出. 统筹基金的大量结余在医疗保险建立初期有利于维护制度的稳定，但长期持续的大量结余会降低资金的使用效率，并跟“收支平衡，略有节余”的统筹基金管理原则存在出入. 目前统筹基金大量结余的原因之一是由于各统筹地区基金规模较小，为了避免风险，医疗保险机构不得不加大结余水平. 因此，提高统筹层次有利于解决基金大量结余和使用效率低下共存的问题.

5.1.2　新型农村合作医疗制度

新型农村合作医疗制度是由政府组织、引导和支持，农民自愿参加，个人、集体和政府多方筹资，以大病统筹为主的农民医疗互助共济制度，也是中国农村地区医疗保障制度的一种主导类型.

我国农村合作医疗制度是在人民公社时期发展起来的，到 20 世纪 70 年代末，农村合作医疗曾经覆盖全国 90%的农村，这对于缓解农民群众的疾苦和农村事业的发展起到了巨大的推动作用. 进入 80 年代以来，随着农村经济体制改革，集体经济削弱，不少地区集体积累明显减少，与公益金相联系的各项保障事业受到削弱，加上宏观指导上的原因，到 1989 年，实行合作医疗的行政村下降到全国行政村的 5%左右. 1990 年以来，农村合作医疗在部分发达地区得到发展，到 1998 年，合作医疗制度的人口覆盖率在高收入地区达 22.2%，但在中等和欠发达地区仅为 1%~3%，全国平均的覆盖率约有 10%. 2002 年 10 月，国务院做出《关于进一步加强农村卫生工作的决定》，确定了农村卫生工作的目标、重点和主要措施. 文件明确提出建立和完善新型农村合作医疗制度和农村医疗救助制度，并提出到 2010 年基本覆盖全部农村居民的发展目标. 从 2003 年起，全国开展了新型农村合作医疗制度的试点工作，包括西部 12 个省和中部 9 个省的试点县，中央财政对中西部地区除市区以外的参加新型农村合作医疗的农民每年按人均 10 元安排合作医疗补助金，地方财政对参加新型农村合作医疗的农民补助每年不低于 10 元.

2003 年 1 月，卫生部、财政部和农业部联合发布《关于建立新型农村合作医疗制度的意见》. 在组织体系方面，各级政府负责建立新型农村合作医疗管理体制，包括负责组织、协调、指导的农村合作医疗协调小组、农村合作医疗管理委员会，负责具体业务的农村合作医疗经办机构，以及负责监督的农村合作医疗监督管理委员会. 经办机构的人员和工作经费列入同级财政预算，不得从合作医疗基金中提取. 在筹资机制方面，实行个人缴费、集体扶持和政府资助相结合的筹资机制. 在 2006 年的新标准中，参合农民人均筹资标准是 30 元，其中农民个人每年的缴费标准不低于 10 元，乡村集体根据实际情况给予适当扶持，地方财政对参合农民年人均补助不低于 10 元，中央财政对中西部地区除市区以外的参合农民人均资助是 10 元. 资金管理方面，采用“以收定支，收支平衡，专款专用，专户储存”的原则. 合作医疗基金中农民个人缴费及乡村集体的扶持资金，由农村合作医疗管理经办机构负责收缴，存入开设在国有商业银行的合作医疗基金专用账户. 地方财政的补贴资金，由地方各级财务部门根据参加新型农村合作医疗的实际人数和资金到位等情况核实，向省级财政划拨. 合作医疗基金主要补助参合农民的大额医疗费用或住院医疗费用. 如有条件，可实行大额医疗费用补助与小额医疗费用补助相结合的方式.

2006 年初，卫生部、国家发改委、民政部、财政部、农业部、国家食品药品监督局以及国家中医药局联合发布《关于加快推进新型农村合作医疗试点工作的通知》，决定从 2006 年起，调整相关政策，加大力度，加快进度，扩大新型农村合作医疗试点. 2007 年使全国试点县的数量达到全国县总数的 60 %左右, 2008 年在全国基本推行, 2010 年实现覆盖所有农村居民的目标.

通过多年的试点工作, 新型农村合作医疗制度显现初步成效. 第一, 试点地区农民参合水平总体较高, 制度能够得到大多数农民的支持. 新型农村合作医疗制度覆盖了试点地区大多数农村居民及贫困农民, 有助于缓解农民"因病致贫, 因病返贫"问题. 第二, 试点地区参合农民受益范围有所扩大, 医药费用负担有所减轻, 同时, 参合农民抵御大病经济风险的能力得到增强. 第三, 新型农村合作医疗制度促进了卫生服务设施利用水平的提高以及农村医疗资源的有效利用, 为农村医疗机构的发展提供了机会. 第四, 随着试点地区的扩大及经验的不断总结, 新型农村合作医疗的制度框架和运行机制基本形成, 管理制度不断完善.

在不断探索中, 新型农村合作医疗制度运行仍然存在一些问题. 第一, 筹资成本比较大, 筹资机制还不够稳定和健全. 一方面筹资机制缺乏制度化保障, 另一方面在农民参保资金与政府补贴比例方面也缺乏稳定的机制. 第二, 以大病保险为主的制度规定, 在一定程度上限制了受益面的扩大, 影响了农民参合的长期积极性. 第三, 新型农村合作医疗的运行机制有待进一步完善. 许多试点将补偿标准定得比较保守, 从而出现资金沉淀现象; 医疗保险制度的运行不够稳定, 近年来每年对合作医疗制度的管理细则和报销比例进行调整, 影响了人们的参保热情, 加大了管理和运营成本. 第四, 对定点医疗服务机构的监管需要加强, 主要体现在卫生局、新型农村合作医疗管理办公室以及定点医院三者之间的关系不顺, 难以对定点医院的行为进行有效控制; 第五, 贫困农民参加新型农村合作医疗的补偿办法还需进一步完善, 由于大病住院补偿存在起付线和封顶线, 贫困农民很难支付自付部分的医药费. 第六, 新型农村合作医疗制度的外部环境有待改善. 我国农村的公共卫生薄弱, 农民的患病率较高, 从而使医疗成本增加. 而医疗改革的滞后, 医疗价格的快速上涨、医疗资源的极其匮乏, 使得农民在参保后实际的医疗费用很难降低.

5.1.3　城乡医疗救助制度

改革开放以后, 由于农村的合作医疗制度趋于瓦解, 城市的劳保医疗制度和公费医疗制度正在向医疗保险制度转化, 城市贫困人口的医疗问题日益突出. 在这样的社会经济背景下, 医疗救助被提上议事日程.

20 世纪 80 年代, 医疗救助的概念和做法开始出现在农村扶贫和加强农村初级卫生保健的政府文件中. 进入 90 年代, 随着城市贫困人口的急剧增加, 一些地方开始通过政府下发专门文件甚至通过地方建立法规开展医疗救助, 使之成为地方政府的一项职责. 到 2000 年, 城市居民最低生活保障制度在全国普遍建立, 为进一步提高和完善这项制度, 2001 年国务院办公厅发出通知, 提出要认真落实最低生活保障对象在医疗等方面的社会救助政策. 2005 年, 国务院办公厅转发了民政部、卫生部、劳动和社会保障部、财政部等联合发布的《关于建立城市医疗救助制度试点工作的意见》, 此后, 城市医疗救助制度呈现出全面推进的态势, 并取得了突破性进展. 城市医疗救助制度的对象主要是: 城市居民最低生活保障对象中未参加城镇职工基本医疗保险的人员、已参加城镇职工医疗保险但个人医疗费用负担仍然较重的人员和其他有特殊困难的群众. 由医疗救助支付的部分是扣除由医疗保险、单位以及社会互助补贴后, 由个人负担的超过一定金额的医疗费用, 或者政策规定的特殊病种的医疗费用, 按一定比例或确定金额给予一定的补助.

2002 年, 中共中央、国务院发布了《中共中央、国务院关于进一步加强农村卫生工作的决定》, 2003 年, 民政部、卫生部、财政部联合下发了《关于实施农村医疗救助的意见》, 此后, 建立农村医疗救助制度的工作全面推开. 目前, 全国所有农业人口的县(市、区)都基本上建立了农村医疗救助制度. 按现行政策, 农村医疗救助的救助对象主要包括: 农村五保户、贫困户家庭成员和地方政府规定的其他符合条件的农村贫困农民, 具体条件由地方政府民政部门会同财政、卫生部门制定, 报同级人民政府批准. 农村医疗救助的主要方式是: 在开展新型农村合作医疗的地区, 资助医疗救助对象缴纳个人应承担的全部或部分资金, 使之能够参加当地合作医疗, 享受合作医疗待遇. 对因患大病经合作医疗补助后个人负担医疗费用过高, 影响家庭基本生活的, 再给予适当的医疗救助. 按国家规定的特种传染病救治费用等有关规定给予补偿. 医疗救助对象全年个人累计享受医疗补助金额原则上不超过当地对等的医疗救助标准, 对于特殊困难人员可以适当提高医疗救助水平.

近年来, 城乡医疗救助制度有了长足的进步, 但是由于制度处于初级阶段, 且缺乏能够借鉴的经验, 因此该制度从设计到实施都存在一定的问题. 首先在制度设计方面, 由于起付线和封顶线的存在, 使得大部分贫困救助对象不能受益或是得益甚微, 救助标准被压缩在一个狭小的范围内; 此外, 特殊病种的限定也使得救助范围大大缩小, 绝大多数常见病、多发病、慢性病都没有被列入可救助的病种; 同时, 申请手续、行政程序繁杂以及指定定点医院使得救助对象望而生畏, 进而放弃治疗. 以上种种限制, 实际上使得贫困救助对象可以选择的余地很小, 既不利于缓解救助对象医疗费用方面的困难, 也不利于医疗机构提供价廉质优的服务. 其次, 在部分地区, 政府使用救助金帮助农民参加农村合作医疗, 但是贫困农民仍很难负担自付部分费用, 从而贫困农民的实际状况并没有得到改善. 最后, 医疗救助经费严重不足, 制约了医疗救助制度的发展. 2009 年, 用于农村医疗救助的各级财政性支出 64.6 亿元, 用于城市医疗救助的各级财政性资金 41.2 亿元, 其中资助农村大病医疗救助的人均救助水平为 676.6 元, 资助城市大病医疗救助的人均救助水平为 764.7 元, 基本不可能解决贫困人口的大病治疗费用.

为了改善医疗救助制度的不足, 首先应该从经济和制度方面降低救助对象的门槛，使得医疗保障制度能够真正惠及贫困人口；其次，应该帮助贫困家庭分担一部分医疗保险费用；再次，应该通过多种途径、方式，如民间组织、商业保险等，在经济上帮助患病的贫困对象.

5.2 医疗保险的融资模式

5.2.1 社会统筹的现收现付制

社会统筹的现收现付制，是对医疗保险基金实行统一筹集、统一管理、统一调剂以及统一使用的社会统筹方式，当期收入用于当期支出，一般以近年医疗保险支出为依据制定本期的筹资目标，再按比例分摊到参加各方. 社会统筹的现收现付制筹资方式可以实现参加成员间横向的费用共济和统筹调配，具有再分配功能. 在实践中，为确保在更长时期内的收支平衡，也可能在现收现付制下建立部分积累，除了保持年度的收支平衡，还要积累一定的储备金用于未来的医疗费用超支补贴，从而保证制度在较长时期内的收支平衡.

5.2.2 基金积累的个人账户制

基金积累的个人账户制，又称以个人储蓄为主的预提分摊模式. 基金积累制着眼于长期平衡，在个人参保期间，依据对患病率、工资水平、平均医疗费用、通货膨胀等指标和相关社会经济指标的测算，按照保险期全体参保人缴费与待遇平衡的原则，测算缴费水平，并对已提取但尚未支付的保险基金进行有计划的管理和运营. 这种模式通过基金积累应付未来的支付风险，同时基金积累面临着投资风险. 新加坡的保健储蓄计划就采取全国性的强制储蓄模式，政府对这一计划给予相应比例的补贴. 基金积累制具有资金纵向积累的特点，对于合理高效地使用医疗保险资金及卫生资源有很强的推动作用. 但个人账户制的风险共担功能弱，对于低收入者，往往需要通过政府救济制度解决.

5.2.3 社会统筹与个人账户相结合

社会统筹与个人账户相结合，是前面两种融资模式的综合. 采取这种融资方式可实现横向与纵向平衡，既有资金统筹、风险共担、互助共济的功能，又有基金积累，应对长期支付风险的功能，同时基金积累计入个人账户，有利于提高人们参加医疗保险的积极性，加强被保险人的费用意识，有利于约束卫生服务供需双方过度利用卫生资源的行为.

我国的城镇职工基本医疗保险制度，采取社会统筹与个人账户相结合的方式. 基本医疗保险费由用人单位和职工共同缴纳，用人单位缴费率占职工工资总额的6%左右，职工缴费率一般为本人工资收入的 2%，职工个人缴纳的基本医疗保障费全部计入个人账户，用人单位的缴费一部分进入统筹基金，一部分划入个人账户．但实践表明,个人账户制很难控制高额的医疗费用，反而会抑制对基本医疗服务的需求，降低医疗基金的使用效率,不利于健康风险的共担．

5.3　医疗保险基金的征收与支付

5.3.1　医疗保险基金的征收

医疗保险基金的筹资一般有税收和缴费两种方式，税收方式又有医疗保险特别税和一般税收两种．通过医疗保险特别税或缴费方式征收，通常由雇主和雇员按工资总额和个人工资收入的一定比例缴纳，由独立的第三方承担保险责任．通过政府一般税方式的征收，通常没有独立的医疗保障基金，政府通过财政税收手段筹资，以国家预算拨款的方式补贴或支付医疗费用，个人只需支付少部分医疗费用．这种方式使个人得到较高程度的医疗保障，但国家财政不得不面对高额医疗成本的负担，特别是当医疗成本增长高于财政收入增长时，将导致财政赤字，进而很难保证制度的可持续性．我国现行的行政事业单位公费医疗制度，其资金来源于财政预算，但采取差额预算制的方法，国家负责预付差额的部分．

5.3.2　医疗费用的分担

为了控制费用水平，在费用分担上，通常由保险方和被保险方各承担一定数额或一定比例的医疗费用，这种方式在保险上称为共保．共保方式的目的在于强化被保险人的费用意识，防止对医疗卫生资源的过度利用，控制医疗保险基金的支出，实践中，共保方式有以下几种方式．

1. 最低限额方式

规定由保险机构对被保险人支付的最低费用额，也就是医疗费用的最低起付线，实际医疗费用低于最低费用额的部分由被保险人自付，超过的部分由医疗保险机构支付．起付线分为三种类型，第一种是年度费用起付线，即在一个年度累计医疗费用在一定额度内由参保人自付，年度累积费用超过规定的额度后由医疗保险机构支付．第二种是单次就诊费用起付线，参保人每次就诊均需自付一定额度的费用，每次就诊费用超过此额度的部分，由医疗保险经办机构支付．第三种是单项目费用起付线，即对某些特殊的诊疗项目，参保人每使用一次，所发生的医疗费用均自付一定部分，其余部分由医疗保险经办机构支付．起付线的高低直接影响医疗服务的利用效率和被保险人的就医行为．过低的起付线标准可能导致过度医疗，不利于医疗费用的控制，过高的起付线标准，可能使人们得不到应有的医疗保障．合理的起付线标准应该依据人们的支付能力和医疗保障水平设置．

2. 最高限额方式

规定由保险方支付的医疗费用的最高值，也就是医疗费用的封顶线，超过此值的部分由被保险人自付. 封顶线的确定需要综合考虑被保险人的收入水平、医疗保险基金的风险分担能力、医疗救助等因素，需要通过建立各种形式的补充医疗保险对超出封顶线以上的部分给予保障.

3. 比例分担方式

规定被保险人自付医疗费用的比例，对于发生的医疗费用，保险方与被保险方按各自承担的比例分担医疗费用. 考虑到不同年龄的疾病风险和医疗费用的分布，以及人们的支付能力，一般对不同年龄段规定不同的分担比例，对不同等级的医疗费用规定不同的分担比例. 医疗费用的分担比例需要综合考虑各方的支付能力，过低的比例可能减少对被保险人的制约，过高则会超出被保险人的承受能力、抑制正常的医疗需求.

实践中，上述三种费用分担方式往往结合起来使用. 例如，在最低限额基础上按一定比例分摊，或者在最高限额下按一定比例分摊.

为了控制对医疗服务的过度利用，导致卫生资源的浪费和医疗费用的上涨，很多国家都引入了费用分担机制. 例如，德国规定了部分药品的最高报销限额；法国门诊费用的 40%、绝大部分药品费用的 35%、住院医疗费用的 20%需要自付；日本只允许报销门诊费用的 70%以及住院费用的 80%等. 我国现行的城镇职工基本医疗保险制度，规定了最低限额和最高限额以及在最高和最低之间的比例分担. 这种方法有效地减少了医疗保险费用的支出成本，但同时也使医疗保险的保障范围和保障程度降低，降低了社会医疗保障的作用，也会进一步抑制医疗保障制度的发展. 因此，应该根据实际情况的变化，适时地调整费用的分担比例，切实使参保人得到医疗保障.

5.3.3　医疗保险费用的支付方式

医疗保险费用的支付有三种方式，第一种是被保险人直接向医疗机构支付费用，然后再从保险机构获得补偿；第二种是由第三方付费，即由保险机构代替被保险人向医疗机构付费，被保险人只向医疗机构支付其中自付的部分；第三种是保险机构与医疗服务供应方合为一体，一方面收取保险费，一方面负责提供医疗服务. 美国的健康维持组织就采取了这种一体化的方式.

采取由保险方向医疗机构支付的方式，其医疗费用的结算和测算有以下几种方法.

1. 按服务项目支付费用

按医疗服务机构所提供的医疗服务的数量和质量，支付医疗费. 在医疗项目的价格确定后，支付方根据医疗服务方提供的服务项目的价格，如手术、化验、药品等费用，向医疗机构付费. 这种方式易于被理解和接受，有助于调动医疗服务机构的积极性. 但也可能导致医疗服务的不必要供应，造成医疗成本的上升.

2. 按住院日和病人数定额支付

这种方法简单易行，只需事先测算出平均所需支付的医疗费用或门诊费用，再乘以住院日数或门诊病人数就可算得所需支付的医疗费用总额. 这种支付方式忽略了病情的差异性，可能导致重病患者不充分就医的问题.

3. 按病种支付

按病种支付又称为按诊断分类的定额预付制. 这种方法需要对疾病进行分类，然后测定每种疾病的平均医疗费用. 我国的城镇职工基本医疗保险中已有不少项目实现了按单病种定额结算的方式，不同等级医院的定额标准有所差异.

4. 总额预算方式

总额预算方式即由政府或其他委托的保险机构与医疗机构商定年内的医疗费用预算总额，政府按预算标准直接支付，而不管医疗机构年内实际医疗费用. 医疗机构有义务为保险范围内的所有人提供医疗服务. 我国现行的行政事业单位医疗费用预算差额制基本上属于这种方式. 在这种方式下，无论医疗机构提供服务的多少，保险方需要支付的费用基本上保持恒定不变，这显然可以防止医疗费用的增长，提高医疗卫生资源的利用效率. 但依据医疗成本科学测算预算总额有一定的难度. 一般地，预算总额的制定可由保险机构单方面进行或由有关的政府管理部门进行，也可由保险机构同医疗服务机构共同协商制定. 总额预算方式有以下三种测算方法：

第一，按参保人数进行预测. 这种方法的年度总费用取决于年度内被保险的人数、人均费用以及保险方承担的比例等因素，操作比较简单，一般用于被保险人中就诊人数相对固定的情况.

$$\text{预测年总费用}=\text{预测期被保险人数}\times\text{人均费用}\times\text{保险方承担比例}$$

在共保的方式下，保险方承担费用的比例低于 100%.

第二，按提供的医疗服务量进行预测. 通过测算医疗保险的住院率和就诊率，测算总预算额.

$$\text{预测年内住院总费用}=\text{年内预测总住院次数}\times\text{平均每次住院费用}\times\text{保险方承担比例}$$

其中，平均每次住院费用根据历史数据估计，年内预测总住院次数由被保险人数与住院率相乘得到.

用同样的方法可以测算出年门诊总费用. 年度医疗总费用等于住院总费用与门诊总费用之和.

第三, 总量测算法. 这种方法根据总预算额或医疗费用的时间序列趋势外推测算预算总额.

预测年内预算总额 = 去年实际总费用 × (1+费用增长率) × 保险方承担比例

5.3.4 医疗保险费用的支出项目

1. 医药补偿费

医药补偿费相当于商业医疗保险中的纯保费概念, 它是医疗保险中最基本、最重要的部分, 是指用于补偿在医疗保险补偿范围内发生的医疗服务的直接费用. 医疗补偿费取决于参加保险的人数及该时间人均医药补偿费. 由于一定时期参加医疗保险的人数相对固定, 需要测算的是人均医药补偿费.

2. 风险储备金

风险储备金类似于商业医疗保险中的风险储备金, 用于应付暴发性疾病流行等超常风险和弥补医疗保险基金赤字, 以及对"超常风险"进行赔偿或给付. 风险储备金通常按医药费用的一定比例计算, 其数额取决于覆盖面的大小和风险程度. 保险的覆盖面越大, 风险就越分散, 突发性风险发生的可能性相对较小, 风险储备金的提取比例就相对较低. 测算风险储备金时, 可以采用均方差的方法, 也可根据各年度保险基金赤字的情况来确定.

3. 管理费

管理费是指保险机构开展保险业务活动所发生的各种费用, 主要包括初期的保险计划开发费用和日常管理费用. 一般而言, 保险的覆盖面越广, 管理费越高, 通常实行门诊和住院医疗保险的管理费率明显高于实行单一住院保险的管理费率. 与商业医疗保险类似, 管理费通常按医药补偿费的一定比例计算. 一般认为管理费率应控制在总费率的 5%~8%. 我国城镇职工基本医疗保险的管理费按规定由财政预算解决, 不从医疗保险基金中支出.

5.4 基本医疗保险的基金精算评估

基本医疗保险是一种由政府或政府委托的保险机构举办的政策性、强制性的社会保险, 其费率及给付由法律确定, 这与商业医疗保险截然不同.

5.4.1　基本医疗保险支出

一般地，基本医疗保险基金的筹集依据“以支定收，收支平衡，略有结余，合理增长”的原则，要求一定时期内发生的医疗费用支出、同一时期风险储备金的增加额、管理费用三项之和等于同时期筹集的医疗保险基金总额. 通过平衡等式，可以得出满足费用支出和储备金积累所需的缴费率. 在我国社会统筹与个人账户相结合的医疗保险制度下，需要分别测算统筹账户的收支和个人账户收支.

为了方便，给出医疗保险收支的公式，首先定义下面符号.

$\mathrm{TE}(t)$：第 t 年统筹基金总支出；

$\mathrm{BE}(t)$：第 t 年统筹基金医药补偿费支出；

$\mathrm{AE}(t)$：第 t 年统筹基金管理费用支出，包括固定费用 $F(t)$ 和可变费用 $V(t)$. 可变费用为医疗补偿费支出的一定比例，设为 r_2；

$\mathrm{OE}(t)$：第 t 年风险储备金，即为风险附加，设其为医疗补偿费的 r_1 比例；

$\mathrm{OUTE}(t)$：第 t 年平均每次门诊费用；

$\mathrm{OUTF}(t)$：第 t 年人均门诊看病频率，即次数；

$\mathrm{PLF}(t)$：第 t 年医疗保险的参保总人数；

BE_average(t)：人均医疗补偿费；

如前所述，医疗保险基金支出可以分为医药补偿费、管理费和风险储蓄金三部分，用公式表示为

$$\begin{aligned}\mathrm{TE}(t) &= \mathrm{BE}(t)+\mathrm{AE}(t)+\mathrm{OE}(t)\\ &= \mathrm{BE}(t)+F(t)+V(t)+\mathrm{OE}(t)\\ &= \mathrm{BE}(t)+F(t)+Y_2\cdot\mathrm{BE}(t)+Y_1\cdot\mathrm{BE}(t)\\ &= (1+Y_1+Y_2)\cdot\mathrm{BE}(t)+F(t)\end{aligned}$$

其中，

$$\mathrm{BE}(t)=\mathrm{BE\_average}(t)\times\mathrm{PLF}(t)$$

$$\text{门诊医疗费用支出}=\mathrm{OUTE}(t)\times\mathrm{OUTF}(t)\times\mathrm{PLF}(t)$$

5.4.2　基本医疗保险收入

在我国，社会医疗保险基金收入包括用人单位缴纳的医疗保险费、个人缴纳的医疗保险费、基金利息收入、上级补助收入和财政补贴等. 根据国务院的规定，用人单位缴纳的医疗保险费是指社会医疗保险机构向用人单位收缴的医疗保险费，用人单位缴费占在职职工工资总额的 6%. 个人缴纳的医疗保险费是向个人收缴的医疗保险费，为个人工资的 2%，个人缴费全部计入个人账户. 利息收入是指医疗保险基金的增值部分，主要包括基金的利息收入和购买国家债券取得的收益. 调剂收入是指在一定的保险统筹地域内，为体现医疗保险的调剂性、共济性，以提高

其抗风险能力，由下级或上级补助的医疗保险基金收入. 其他收入是指滞纳金及财务部门核准的其他收入等.

决定缴费收入的因素包括制度覆盖人口、参保率、参保者工资水平、缴费率、医疗保险费收缴率、老年人口比例及期望寿命等因素. 医疗保险统筹费率以工资为征缴基数，工资水平的高低直接决定了医疗保险基金的收入总量，任何少报、瞒报工资总额的行为都不利于医疗保险基金的收缴；参保率是参加保险的人数在全部人数中的比例，参保的单位和人数越多，医疗保险基金收入越高，分散风险的基金保障越充足；缴费率应按当时社会保障要求和经济发展水平确定，出于管理的需要，统筹率要保持相对稳定，一般保持若干年不变；参保人群中能够按时足额缴费的人员所占的比例用医疗保险费收缴率度量，收缴率越高，越能充分保障医疗保险基金的足额到位. 设

$\mathrm{TI}(t)$：第 t 年统筹基金总收入；

$\mathrm{CI}(t)$：第 t 年统筹基金保费收入，由企业为职工缴纳；

$\mathrm{OI}(t)$：第 t 年统筹基金其他收入，包括利息、财政补贴 TR 和其他收入 EI；

W_t：第 t 年参保人群的总工资；

g_t：单位缴费计入统筹基金的比例；

$\mathrm{INDIR}(t)$：第 t 年个人的筹资比例，表现为个人工资的百分比；

$\mathrm{ENTR}(t)$：第 t 年单位的筹资比例，表现为企业工资总额的百分比；

i_t：第 t 年统筹基金和个人账户的投资收益率.

有

$$\mathrm{TI}(t)=\mathrm{CI}(t)+\mathrm{OI}(t)$$

其中，

$$\mathrm{CI}(t)=W_t\times\mathrm{ENTR}(t)\times g$$

因此，根据收支平衡原理，有

$$\mathrm{TI}(t)=\mathrm{TE}(t)$$

$$(1+i)\cdot W_t\cdot\mathrm{ENTR}(t)\cdot g+\mathrm{TR}+\mathrm{EI}=(1+r_1+r_2)\cdot\mathrm{BE}(t)+F(t)$$

得出满足当期支出的单位缴费率为

$$\mathrm{ENTR}(t)=\frac{(1+r_1+r_2)\cdot\mathrm{BE}(t)+F(t)-\mathrm{TR}-\mathrm{EI}}{g\cdot(1+i_t)\cdot W_t}$$

对于个人账户，应实现纵向平衡，即

$$\mathrm{INDIR}(t)\sum_{k=1}^{e}w_k\cdot v^k=\mathrm{PV}\left(\sum_{k=1}^{e}(\mathrm{OUTE}(t)\times\mathrm{OUTF}(t)\right).$$

从而得到个人的缴费率 $\mathrm{INDIR}(t)$，其中，e 为保险期限长度.

第 6 章　工伤保险精算管理

工伤保险一般属于雇主强制责任保险. 其给付项目既包括因工受伤、残疾、患职业病而发生的医疗和康复费用, 又包括残疾和死亡一次性补偿, 还包括伤残定期生活津贴和工亡遗属定期津贴. 同时, 工伤发生的概率和损失程度直接受社会、经济、医疗发展水平的影响, 也受职业安全发展水平的影响. 与养老和医疗等其他社会保险项目相比, 工伤保险精算评估涉及的因素更多, 精算模型和假设更为复杂.

6.1　工伤保险制度

6.1.1　工伤保险的意义

工伤保险是对因工意外伤害事故和职业病导致的职工伤、残、亡而进行赔偿和提供生活保障的保险. 伴随着大机器工业的发展, 职业伤害风险不可避免, 这种风险的发生, 给职工的身体和生命造成损失, 影响其本人和亲属的正常生活. 由于这种伤害因工的性质, 因而除职工本人犯罪或故意行为外, 无论是职工本人、雇主或相关的第三者责任, 均应得到相应的赔偿和保障, 待遇给付与责任追究必须分开. 对职工来说, 这种伤害是在生产劳动过程中, 为企业创造财富而付出的代价, 对雇主来说, 这种保障和赔偿支出类似于设备的保养费和职工的工资, 具有明显的劳动力修复和再生产的特点, 是企业生产成本的特殊组成部分, 因此保险费完全由企业负担, 个人不必缴费. 与其他类别的社会保险相比, 由于工伤保险因工的性质, 其待遇给付不与年龄、工龄、缴费年限相关, 且给付标准更高.

作为雇主责任保险, 在国际上, 有些国家的工伤保险是社会保险的一部分, 由政府管理和提供最终担保; 有些国家的工伤保险作为员工福利计划中的一种, 采取企业保险的方式, 雇主建立基金, 或者自我管理, 或者交由专门的机构管理运营; 有些国家采取商业保险的模式, 由保险公司运营管理. 还有些国家采取社会保险和企业保险共保的方式, 或者社会保险和商业保险共保的方式. 我国的工伤保险属于强制的社会保险. 以德国为代表的国家采取强制的社会保险形式, 由政府机构或政府授权的机构直接对工伤保险制度实施统一的管理和经营, 商业保险发挥补充保障的作用. 以美国为代表的国家采取社会保险和商业保险共保的模式, 工伤保险作为强制的雇主责任保险, 既可以由国家机构或国家授权的机构经办, 也可以由盈利性的商业保险公司经办, 但美国没有全国统一的工伤保险制度, 各州政府劳工局分别管理州工伤保险. 也有一些国家, 如阿根廷, 完全采取商业保险的形式，保险公司有义务承保企业的工伤保险．采取企业保险的形式，是由一个或多个企业联合，根据工伤风险水平，建立工伤保险基金，当发生工伤事故时，根据预先约定的给付标准作一次性赔付或提供定期给付．企业工伤保险通常与企业的养老、医疗保险结合在一起，根据企业承诺的所有给付和给付标准，确定缴费水平．企业工伤保险可以采取企业或行业自保的方式，即企业根据政府的有关原则规定和自身的经济赔偿能力确定工伤给付标准，建立一定的工伤风险基金，由企业或行业自行管理，在发生工伤事故时，由企业直接给付．也可以由企业直接向商业保险公司投保，或者把工伤保险基金交由保险公司运作和管理，保险公司承担风险评估、保费计算和工伤事故后的给付责任．后者扩大了工伤保险基金的筹集范围，增强了抵御风险和赔付的能力．为了保护职工的利益，保证工伤赔付，有的国家政府还对企业工伤保险强制征收一定的费用，建立政府工伤保险准备金，以备企业工伤保险基金不足或企业破产时，对遭受工伤事故的职工作出赔偿．采取社会保险形式的工伤保险通过国家立法，强制法定范围的企业参加，企业根据法定缴费水平定期缴纳工伤保险费，建立一定的风险基金，由政府公共管理，当发生工伤事故时，按照法定的给付标准由政府工伤保险管理机构或者企业负责待遇的给付．采取社会保险形式的工伤保险使工伤风险在全社会范围内分散，从而既可以保证职工在遭遇风险事故时得到合理的赔偿和保持正常的生活，又可以避免赔付给企业的正常生产经营带来不利影响．

国际上，工伤保险给付的享受对象通常包括因工伤事故和职业病造成暂时和永久丧失劳动能力，并因此失去工资收入或使过去的工资收入减少的职工本人以及工伤死亡者供养的直系亲属．工伤保险提供的基本给付包括患职业病或工伤职工就医所需的医疗费、暂时性丧失劳动能力的补偿、永久丧失劳动能力的补偿和遗属补贴四种．医疗补贴是对因工伤和职业病需要的诊断、医药、手术、休养等方面的费用，不同国家在工伤职工可以享受的医疗种类、期限和费用额度等方面有一定差异．暂时性丧失劳动能力的补偿是对因工伤在一定时期内不能恢复劳动能力而失去工资收入的补偿，通常按职工过去平均工资的一定比例发放，当职工恢复工作能力后终止给付，一般的给付标准为本人过去平均工资的 60%~75%．永久性丧失劳动能力的补偿通常有一次性补偿和以年金方式提供定期收入来源两种方式，通常根据伤残程度发给不同水平的补贴．对完全丧失劳动能力者的最低补偿为过去工资的 60%．遗属补贴是对因工死亡职工供养的直系亲属的生活补贴，有采用一次性发放和一定时期内以年金方式发放两种方式，根据供养的人数，可以得到不同水平的给付，但最高不能超过死亡职工过去的工资水平．

6.1.2　我国的工伤保险制度

我国的工伤保险制度建立于 1951 年，其基本制度包含在 1951 年颁布实行、

1953年修订的《中华人民共和国劳动保险条例》中，此后，原劳动部、全国总工会、卫生部等有关部门陆续颁布了一系列有关配套规定，这些规定对工伤职工的救治、康复，保障其本人和抚养亲属的基本生活起到了积极的作用. 1969年后，随着社会保险全面向企业保险转变，工伤保险转向直接由企业管理，缺乏在全社会范围内的调剂. 随着社会主义市场经济的发展和现代企业制度的推行，旧的工伤保险制度逐步暴露出弊端，主要问题是实施范围狭窄，只对国家机关工作人员、国有企业和部分集体企业职工实现，缺乏基金积累，社会化程度低，不利于企业的发展和职工合法权益的保护；同时，工伤待遇过低，缺乏一次性补偿，待遇层次划分过粗，也没有建立待遇随经济增长的正常调整机制，不能保障职工的正常生活. 1996年8月12日，原劳动部颁布了《企业职工工伤保险试行办法》. 这一文件第一次将工伤保险作为单独的保险制度统一组织实施，对沿用了40多年的企业自我保障的工伤福利制度进行了全面改革. 同时，原劳动部组织制定并由原国家技术监督局颁布了《职工工伤与职业病致残程度鉴定》的国家标准. 这两个文件的颁布实施，对工伤保险制度改革具有体制创新和机制转换的意义. 试行办法明确了工伤保险制度的任务和目标，扩大了工伤保险的覆盖面和工伤认定范围，明确了工伤保险的认定机构，适当提高了待遇标准，强调了工伤预防、康复和补偿的结合. 试点办法在实际执行中，仍然存在覆盖面不高，社会化管理程度低，立法滞后，保险基金没有建立等问题.

2003年4月，在多年试点的基础上，国务院正式颁布了《工伤保险条例》，并于2004年1月1日正式实施. 之后，相继出台了《工伤认定办法》、《因工死亡职工供养亲属范围规定》、《非法用工单位伤亡人员一次性赔偿办法》等一系列政策措施，进一步推进了工伤保险的各项工作. 工伤保险条例及相应政策措施的颁布实施，对于完善我国工伤保险法制，更好地保障工伤职工的合法权益具有重要的作用. 与之前的施行办法相比，第一，《工伤保险条例》进一步扩大了工伤保险的覆盖范围，规定中华人民共和国境内的各类企业和有雇工的个体工商户都应当依照条例规定参加工伤保险，为本单位全部职工或者雇工缴纳工伤保险费. 同时，中华人民共和国境内的各类企业的职工和个体工商户的雇工，均有依照本条例规定享受工伤保险待遇的权利. 这就将工伤保险覆盖范围由原来的国有企业和城镇企业扩大到各种所有制和各类组织形式企业与之形成劳动关系的劳动者. 第二，建立和完善了工伤保险基金. 工伤保险基金由用人单位缴纳的工伤保险费、工伤保险基金的利息和依法纳入工伤保险基金的其他资金构成. 工伤保险费根据以支定收、收支平衡的原则，确定费率. 工伤保险基金在直辖市和设区的市实行全市统筹，集中调剂使用. 第三，实行差别费率和浮动费率. 为鼓励企业加强工伤事故预防，减少伤亡事故，条例规定，国家根据不同行业的工伤风险程度确定行业的差别费率，并根据工伤保险费使用、工伤发生率等情况在每个行业内确定若干费率档次. 第四，规范了伤亡性质认定以及工伤认定程序. 规定了工伤的 7 种情形, 同时, 对用人单位提出工伤认定申请、应提交的材料以及劳动保障部门受理、作出工伤认定的决定等程序进行了规范. 第五, 规范了劳动能力鉴定及鉴定程序. 按劳动功能障碍程度和生活自理障碍程度将劳动功能障碍分为 10 个等级, 将生活自理障碍分为 3 个等级. 同时, 对劳动能力鉴定委员会的组成、劳动能力鉴定程序等作出了明确的规定. 第六, 制定了全面合理的工伤保险待遇并规范了监督管理, 明确了其法律责任.

工伤保险条例规定的工伤认定范围既包括在工作时间内及工作时间前后, 在工作场所或因公外出, 因工作原因或履行工作职责等原因, 受到事故或意外伤害的; 也包括在上下班途中, 受到机动车事故伤害的; 既包括患职业病的, 又包括在工作时间和工作岗位, 突发疾病死亡或者在 48 小时之内经抢救无效死亡的; 还包括在抢险救灾等维护国家利益、公共利益活动中受到伤害的; 以及职工原在军队服役, 因战、因公负伤致残, 已取得革命伤残军人证, 到用人单位后旧伤复发的等情形. 工伤待遇包括工伤职工的医疗费、康复费、工伤医疗期间维持正常生活的定期津贴、一次性损失补偿, 工伤医疗期满或评残后的定期津贴和护理费, 工伤死亡职工的丧葬补助金、一次性补偿、供养直系亲属的抚恤金等. 其中, 工伤医疗康复费包括工伤职工和职业病患者所需的检查、药费、手术费、住院费、就医旅费、部分住院伙食补贴、残疾辅助器具费等. 现行制度采取工伤保险和参保单位共保的方式, 部分工伤待遇由伤残保险基金支付, 部分由工伤职工原单位支付. 由工伤保险基金支付的费用包括伤残职工的医疗费, 康复费, 定期生活护理费, 一次性伤残补助金, 按月支付的伤残津贴, 因公死亡的丧葬补助金、亲属抚恤金、一次性工亡补助金等. 由单位承担支付的部分包括治疗期间的交通和食宿补贴, 工伤停工留薪期间的定期津贴和护理费用, 以及 5 级以上伤残的定期津贴等.

工伤保险基金支付的具体费用包括: ① 工伤职工的医疗费. 医疗费用的标准需要符合工伤保险诊疗项目和药品目录以及相应的住院服务标准. ② 康复治疗费. 工伤职工到签订服务协议的医疗机构进行康复性治疗的费用, 其费用标准符合规定的标准. ③ 辅助器具费. 工伤职工因日常生活或者就业需要, 经劳动能力鉴定委员会确认, 安装的假肢、矫形器、假眼、假牙和配置轮椅等辅助器具的费用. ④ 生活护理费. 工伤职工评定伤残等级并经劳动能力鉴定委员会确认需要生活护理的, 按月支付生活护理费. 生活护理费的标准按照生活完全不能自理、生活大部分不能自理或者生活部分不能自理3个不同等级, 分别按统筹地区上年度职工月平均工资的 50%、40%或者 30%的标准支付. ⑤ 一次性伤残补助金. 按照伤残等级, 一级伤残补助金为 24 个月的本人工资, 二级伤残为 22 个月的本人工资, 三级伤残为 20 个月的本人工资, 四级伤残为 18 个月的本人工资, 五级伤残为 16 个月的本人工资, 六级伤残为 14 个月的本人工资, 七级伤残为 12 个月的本人工资, 八级伤残为 10 个月的本人工资, 九级伤残为 8 个月的本人工资, 十级伤残为 6 个月的本人工资.

⑥ 按月支付的伤残津贴. 一级伤残为本人工资的 90%, 二级伤残为本人工资的 85%, 三级伤残为本人工资的 80%, 四级伤残为本人工资的 75%. 如果伤残津贴低于当地最低工资标准, 按当地最低工资标准发放. ⑦ 因工死亡的丧葬补助金, 按统筹地区上年度职工月平均工资的 6 倍支付. ⑧ 工伤死亡亲属抚恤金. 对因工死亡职工生前提供主要生活来源并无劳动能力的亲属支付定期抚恤金. 抚恤金的标准为配偶每月 40%, 其他亲属每人每月 30%, 孤寡老人或者孤儿每人每月在上述标准的基础上增加 10%. 同时, 各供养亲属的抚恤金之和不高于因工死亡职工生前的工资. ⑨ 一次性工亡补助金. 标准为 48 个月至 60 个月的统筹地区上年度职工月平均工资.

用人单位支付的具体费用包括：① 治疗工伤住院期间的伙食补助费, 标准为因公出差伙食补助标准的 70%, 外地就医的交通和食宿费按因公出差标准. ② 在最长 24 个月内因工伤医疗和康复暂停工作期间的工资. ③ 工伤职工在停工留薪期间的护理费用. ④ 5 级以上伤残的定期津贴. 五级伤残的月标准为本人工资的 70%, 六级伤残为本人工资的 60%, 如果伤残津贴低于当地最低工资标准, 按当地最低工资标准发放. ⑤ 对终止劳动关系伤残职工的一次性医疗补助金和伤残就业补助金等.

工伤保险条例实施几年以来, 在维护工伤职工合法权益方面发挥了重要作用, 参保人数和享受工伤待遇人数大幅增加. 表 6-1 列出了从 1993~2008 年我国工伤保

表 6-1　1993~2008 年工伤保险参保和基金收支情况

年份	参保职工人数/万人	覆盖率/%	享受工伤待遇人数/万人	基金收入/亿元	基金支出/亿元	累计结余/亿元
1993	1100.0	1.66	—	2.4	0.4	3.1
1994	1822.1	2.71	5.8	4.6	0.9	6.8
1995	2614.8	3.85	7.1	8.1	1.8	12.7
1996	3102.6	4.51	10.1	10.9	3.7	19.7
1997	3507.8	5.04	12.5	13.6	6.1	27.7
1998	3781.3	5.35	15.3	21.2	9.0	39.5
1999	3912.3	5.48	15.1	20.9	15.4	44.9
2000	4350.3	6.03	18.8	24.8	13.8	57.9
2001	4345.3	5.95	18.7	28.3	16.5	68.9
2002	4405.6	5.97	26.5	32.0	19.9	81.1
2003	4574.8	6.15	29.5	37.6	27.1	91.2
2004	6845.2	9.10	51.9	58.3	33.3	118.6
2005	8478.0	11.18	65.1	92.5	47.5	163.5
2006	10268.5	13.44	77.8	121.8	68.5	192.9
2007	12173.3	15.81	96.0	165.6	87.9	262.6
2008	13787.2	17.79	117.8	216.7	126.9	335.0

数据来源：《中国统计年鉴 2009》.

险的参保、待遇享受和工伤保险基金收支情况. 从表中可见, 2008 年底参加工伤保险的人数超过 1.3 亿人, 比 2002 年条例实施前的参保人数净增 9381 万人, 增长了 2.1 倍. 在待遇享受上, 2008 年, 享受工伤保险待遇人员合计达到 117.8 万人, 比 2002 年底净增 91.3 万人, 相当于工伤保险条例实施前的四倍多. 在覆盖面上, 条例实施前, 工伤保险的覆盖率基本维持在 6%的低水平上, 2003 年后, 覆盖率每年上升 2~3 个点, 2008 年底覆盖率达到 17.79%. 工伤保险的基金的收支和累积结余逐年增加, 2008 年工伤保险基金收入、支出分别为 216.7 亿元和 126.9 亿元, 比 2003 年分别增长 4.8 倍和 3.7 倍.

我国工伤保险的发展对于保障劳动者的合法权益、促进安全生产和维护社会公平稳定起到了积极的作用, 但是在实施过程中仍然存在很多问题. 首先, 我国工伤保险的覆盖面较低, 目前的制度只覆盖了各类企业, 并没有将党政机关、社会团体和非企业化管理的事业单位列入覆盖范围. 而列入工伤保险范围的部分私营、涉外、乡镇企业及有雇工的个体经营者并没有实际参加工伤保险, 工伤保险的覆盖面实际上主要集中在国有和集体企业. 第二, 目前《条例》对我国工伤保险制度的适用范围、工伤保险基金的来源和管理、工伤认定的程序和标准、工伤待遇、工伤争议的处理等作出了原则性规定, 但在具体实施过程中, 缺少与之配套的规范性文件. 第三, 工伤保险的差别费率和浮动费率标准尚待完善, 目前的标准不能很好的体现不同行业的特点和风险程度, 从而会挫伤部分单位的参保积极性. 第四, 我国的工伤预防工作严重滞后. 工伤保险的发展应该同时注重预防、康复和补偿, 工伤预防是工伤保险制度的重要组成部分, 是从根本上预防事故发生并降低损失程度的关键, 现行制度没有将工伤预防费纳入工伤保险基金的支出项目, 在一定程度上制约了工伤预防工作的开展. 第五, 工伤保险基金缺乏有效监管. 在收入上, 企业缴费不足, 不能按规定的参保人数、工资总额和缴费率缴费, 使基金收入大打折扣. 在支出上, 缺乏严格审核, 造成康复和医疗费用支出的浪费, 同时, 对于累积结余基金也没有很好地进行投资管理.

6.2　工伤保险的融资模式

与养老保险相同, 工伤保险的融资模式也有现收现付制、基金制和介于二者之间的混合制三种. 实践中采用现收现付制的国家较多, 即根据工伤支出水平确定需要的缴费水平. 由于发生工伤事故和造成损失程度的随机性, 如果只根据当年工伤赔付支出确定年度缴费, 将使各年度的缴费水平随机波动, 当然, 社会统筹方式对这种随机性将产生一定的平衡作用. 为了使工伤缴费率在一定时期内保持稳定, 通常根据估计的风险和损失程度预先测算在一定时期内收支平衡的缴费率.

6.2.1 现收现付制下的收支平衡关系

在现收现付制下，工伤保险的当年支出决定于当年的保费收入，年度收入与年度支出保持平衡，不需要预先积累基金. 年度收入由当年的保费收入和结余基金的利息收入两部分组成，年度支出包括制度规定的各项一次性支出和定期支出. 工伤保险的缴费通常规定为参保职工工资总额的一定比例，缴费完全由雇主承担，雇员不缴费. 为了预防支出波动引起支付赤字的情况，即使是在现收现付制下，通常也会预先积累足够未来几个月支付的准备金. 在现收现付制下，如果将管理费列入收支平衡关系中，收支关系如下：

$$\begin{aligned}&t\text{年缴费率}\times t\text{年覆盖人群的工资总额}+(t-1)\text{年末结余基金}\\&+\text{结余资金的投资收入}+\text{其他收入}\\=&\,t\text{年预计各项给付支出}+t\text{年管理费支出}+t\text{年增加的准备金积累}\end{aligned}\tag{6.1}$$

在分类费率下，需要先对参保人群进行分类，不同类别按照不同的缴费率计算缴费收入，再加总计算年度保费总收入.

6.2.2 完全基金制下的收支平衡关系

理论上，工伤保险采取完全基金制时，参保职工未来因工伤得到的赔付现值应该与未来缴费现值相等. 在任何时点上，工伤保险积累的准备金数额应该等于未来赔付现值与未来缴费现值之差. 在对未来工伤事故及其损失分布进行精算估计的基础上，按照精算平衡的原则，可以估计出工伤保险缴费率. 收支平衡关系如下：

$$\begin{aligned}&\text{未来缴费率}\times\text{未来覆盖人群的工资总额的现值}\\=&\,\text{未来赔付现值}+\text{未来管理费现值}\end{aligned}\tag{6.2}$$

在社会工伤保险下，工伤保险的参保人群是开放的. 随着劳动力人口的不断更替，不断有新的参保人加入，同时不断有人因退休和终止劳动关系而退出. 因此，在完全基金制下，往往采取每年更新保险费模式，也就是使每年的缴费能够满足当年工伤事故造成的当年和未来年度的赔付支出需要. 这时，收支平衡关系如下：

$$\begin{aligned}&\text{缴费率}\times\text{覆盖人群的工资总额}\\=&\,\text{未来赔付现值}+\text{未来管理费现值}\\&+\text{补足过去赤字或用过去结余抵减保费所发生的总支出}\end{aligned}\tag{6.3}$$

在完全基金制下，累积准备金的投资收益直接用于赔付支出，当保险计划终止时，准备金的数额应该正好能够应付终止日前发生的所有工伤事故引发的赔付和相应的管理费用，而不需要雇主额外的支出. 这种精算平衡关系类似于每年定期更新的寿险或者短期意外伤害保险，不同的是，后者的保费以满足当年支付为标准，前者以满足当年发生事故带来的未来赔付为标准.

6.2.3　混合制下的收支平衡关系

在现收现付制和完全基金制之间存在多种可能的混合制. 在工伤保险中，国际上比较常用的方法是对短期残疾保险、医疗保险和康复保险计划采用现收现付制，长期残疾保险和残疾生存年金采用完全基金制. 混合制的收支平衡关系如下：

缴费率×参保职工工资总额
=当年估计的短期给付+当年估计的长期给付现值
+管理费用现值+为当年短期给付提取的准备金
+补足过去赤字或用过去结余抵减保费所发生的总支出　(6.4)

此外，在养老保险中介绍的长期精算平衡以及定期调整保费两种模式，在工伤保险中也常被采用.

6.3　工伤保险的定价系统

工伤保险的风险程度在不同行业以及同一行业不同安全状况下会表现出较大的差异. 例如，采矿工人的工伤风险较大，其职业病的发病率也较高，相比之下，在办公楼工作的白领阶层的工伤风险较低. 另外，即使同样是采矿工人，采取严格安全预防措施的采矿工作场所比措施不利的场所更安全. 因此，首先应该将工伤风险进行分级，再对不同级别的风险分别定价. 在选择定价系统时，需要考虑一系列相关的问题，如工伤保险与其他社会保险的整合程度，不同行业可能存在的重合补偿问题，是否有利于提高对工伤的预防意识，分类定价给管理带来的成本等问题. 理论上，一个完善的定价系统应该能够鼓励雇主采取积极的安全预防措施，同时也应该能够鼓励接受补偿的雇员尽早重返工作岗位.

工伤保险的费率通常有两种方式：一种是社会统一费率，即根据工伤保险法定覆盖范围预计的给付支出确定缴费水平，这种方式使工伤风险在全社会范围内分散，不考虑不同行业实际风险的差异性. 另一种是行业差别费率，即根据单个企业或某行业的风险概率确定不同的缴费率，体现不同风险下的合理负担，这种方式被世界各国广泛采用. 我国的工伤保险采取行业差别费率制.

6.3.1　均衡费率制

均衡费率不对工伤保险区分风险等级，按照一定时期内预期总支出与社会工伤保险计划所覆盖的职工的工资总额的比值，确定一个平均缴费率，作为系统的缴费率. 一定时期内预期总支出包括所有类型的工伤保险支出，时期长度通常为一年，如果超过一年，应该用现值表示，也就是用各年度总支出现值与各年度工资

总额现值的比值表示. 均衡费率制下, 费率的计算公式如下:

$$费率=\frac{预期成本支出}{覆盖职工工资总额} \tag{6.5}$$

均衡费率制的优点是计算方法简单, 其保费征收容易与社会保险其他项目合并管理, 通常情况下, 由于计算方法本身可以消除不同类别风险波动对费率的影响, 其数值也比较稳定. 对于新建立的工伤保险计划, 由于缺乏风险分级的数据基础, 更多地采取均衡费率制. 但是, 由于没有进行风险分级, 从而不能有效地鼓励高风险经营者改进安全保障措施, 也不能鼓励受工伤伤害, 正在享受补偿的职工尽快康复并返回工作岗位. 同时, 也可能造成不同行业间的重复补偿, 从而增大工伤保险系统的运作和经营成本.

6.3.2　差别费率制

差别费率制是通过对工伤风险进行分类, 按不同风险类别确定有差别的费率定价方法. 差别费率定价, 首先需要对风险进行分类, 再对每类制定不同的费率. 这种方法类似寿险中通过核保区分风险类型, 依据不同的风险等级, 采取不同的费率的做法. 差别费率的计算公式如下:

$$第\,i\,类的缴费率=第\,i\,类平均风险\times\frac{赔付成本}{覆盖职工工资总额} \tag{6.6}$$

对工伤风险进行分类, 类数越多, 对每类分别确定的费率就能够越精确地反映参保个体的特征, 但组数越多, 用于分组的必要数据信息就要求越多, 风险分类的成本也就越高. 同时, 组数越多, 落入各组的参保人数也相应减少, 从而降低了分组数据及由此得出的差别费率在统计意义上的可信度.

一般来说, 工伤风险的分类需要遵循一致性、可靠性、中立性和成本有效性的原则. 一致性是指同一类内必须具备相似的风险特征; 可靠性要求经验数据必须足够多, 以使分类后的数据在统计上具有显著性; 中立性指每组的边界必须足够准确, 避免两个相似的风险在归类上出现两种以上不同的选择; 成本有效性指风险分类不会给参保单位和保险计划管理者增加不适当的成本.

为了简化, 工伤保险的风险分类常按经济部门固有的类别进行划分, 这种简单的分类方法可能将属于同一经济部门但风险特征不同的两类企业划入同一风险类别. 为了避免这种情况的发生, 实践中, 往往在经济部门划分的基础上, 考虑不同参保单位的风险特征, 需要对风险分类进行适当的调整.

在我国现行的政策下, 工伤风险的分类参照《国民经济行业分类》(GB/T 4754—2002), 将行业划分为三个类别: 一类为风险较小行业, 二类为中等风险行业, 三类为风险较大行业. 三类行业分别实行三种不同的工伤保险缴费率. 工伤保险经办机构根据用人单位的工商登记和主要经营生产业务情况, 确定用人单位的行业风险类别.

6.3.3　经验费率制

均衡费率和差别费率这两种方法都属于预定费率法，即预先根据过去的经验制定费率，不考虑预定费率与实际经验的差距. 也就是说，对于属于同一风险类别的参保单位，所征收的费率相同，而不论其中有些参保单位实际发生工伤事故及造成的损失巨大，而有些则没有发生任何事故或发生工伤事故造成的损失微不足道. 这种预先依据过去经验确定费率的方法，使风险在同一定价组内分散，使组内风险由同一组内的所有参保人共同承担. 预定费率法是保险精算中最基本的定价方法.

与预定费率法不同，经验费率制是在预定费率的基础上，依据实际经验，对预定费率进行调整，使实际发生更多工伤事故、造成更大损失的参保单位承担更多的缴费责任，实际发生更少工伤事故、造成更小损失的参保单位承担较少的缴费责任. 这类似于汽车保险中依据上一年度赔付经验调整下一年度保费的做法. 其主要目的是鼓励参保单位建立更加健全的安全预防措施，主动减少安全隐患，对工伤事故进行更加有效的管理，实施有效的康复计划，帮助伤残职工尽快返回工作岗位，从而减少工伤赔付的成本，从整体上降低费率水平. 但是，从保险精算的角度，经验费率制又违背了风险分散和责任共担的基本准则，在某种程度上鼓励参保单位隐瞒工伤事故及其造成损失的程度，参保单位可能自行采取应付事故和损失的措施，而忽略了对事故的预防，从而不能起到降低工伤事故发生风险的作用，可能导致更多的法律纠纷.

经验费率制使参保单位的工伤保险缴费与实际工伤事故的发生情况建立起直接联系，参保单位直接对自身的工伤事故所造成的损失负责，工伤事故赔付支出高于平均水平的参保单位必须补足必要的费用或者提高缴费率. 工伤事故赔付支出低于平均水平的参保单位则可以得到相应的资金补偿或者享受较低的缴费率.

在经验费率下，对参保单位缴费率的调整基于该单位过去工伤事故的赔付支出状况. 费率调整可以采用过去法或者将来法.

过去法要求参保单位在每年年初按整个行业的基础费率缴纳保费，在年底根据该单位工伤事故的发生和赔付支出情况调整自身保费，或者得到部分保费返还，或者需要补缴部分保费. 将来法则依据过去的保费返还或保费补缴情况，直接调整将来的缴费率. 在实际执行中，可能只对特定行业实施经验费率制，也可能对所有行业都实施.

我国目前的工伤保险缴费实行浮动费率制，采用将来法调整未来缴费. 为了控制工伤保险给参保单位带来的过重负担，现行制度将工伤保险的平均缴费率控制在职工工资总额的 1.0%左右，按类别划分，第一类的最高缴费率为 0.5%左右，第二类为 1%左右，第三类为 2%左右．其中，属于第一类风险的行业，按行业基准费率缴费，不实行费率浮动．属于第二和第三类风险的行业，费率实行浮动制，依据过去参保单位工伤保险基金的使用情况，工伤发生率以及职业病的危害程度等，每 1~3 年费率调整一次．依据风险程度，高风险参保单位的费率相应向上浮动 20%和 50%，低风险参保单位的费率相应降低 20%和 50%.

6.4　工伤保险基金的精算评估

工伤保险基金收入决定于参保人数和缴费率，支出决定于工伤风险水平、工伤保险承诺的给付种类和给付水平．国际上一般分为临时性失能和永久性失能的定期津贴，一次性工伤和工亡补偿，医疗和康复费用等几部分.

6.4.1　工伤保险收入

工伤保险基金的收入主要来源于企业的缴费及其利息，在工伤保险中，职工个人不缴费．企业按照统一的费率或行业差别费率以工资总额为基数缴纳保险费．在我国，工伤保险费根据各行业的伤亡事故风险和职业危害程度的类别实行差别费率，同时根据企业的安全业绩实行费率浮动．行业工伤保险分类和差别费率标准由当地劳动行政部门根据伤亡事故和职业病的统计进行测算，在现收现付基金模式下，行业差别费率等于预测的工伤保险支出在行业工资总额中的比例．在一定的缴费率下，工伤保险行业年度收入等于职工人数、工伤保险覆盖率、平均工资、缴费率的连乘积．工伤保险年度总收入等于各行业年度收入之和.

$$\begin{aligned}\text{工伤保险费年度收入}=\sum\ &(\text{行业职工人数}\times\text{行业工伤保险覆盖率}\\&\times\text{行业职工平均工资}\times\text{行业缴费率})\end{aligned}\tag{6.7}$$

与社会保险其他项目类似，为了保持在一定时期内费率的稳定性，需要测算长期内稳定的缴费率．根据一定时期内收入现值与支出现值相等的平衡公式，在长期内年度收入和年度支出预测的基础上，可以估计出长期平衡的缴费率.

6.4.2　成本因素

如果不考虑管理费用，工伤保险的成本受制度的覆盖范围、工伤保险承诺的待遇种类和待遇水平，工伤出险的概率和等级，工伤保险累计基金的投资回报等因素的影响．工伤赔付中既包括工伤医疗和康复费用，又包括一次性的补偿和定期生活补贴，还包括因工死亡的一次性赔偿和遗属定期生活津贴．有些国家的工伤保险还支付部分工伤预防费用和职业安全教育等费用.

我国的工伤保险给付包括医疗和康复费用、一次性工伤或工亡补贴、一定时期内的定期津贴等三种不同的类型．其中，医疗和康复费用取决于工伤事故的发生概率、医疗和康复费用的分布、医疗和康复时间长度等因素，其成本估计方法与医疗保险的成本估计方法类似. 不同的是，工伤保险完全由雇主缴费，个人不缴费，支出除门诊医疗、住院医疗外，还包括就医旅费、伙食补贴、残疾辅助器具费、医疗期间的定期津贴等非医疗费用. 这些费用支出根据规定的给付标准、给付期限和给付概率等进行估计. 一次性工伤补助金可以分为一次性伤残补助金和一次性工亡补助金两类，分别根据伤残概率和工伤死亡概率以及规定的给付标准估计. 定期生活补助分为伤残职工的定期生活津贴、工亡职工遗属的定期生活津贴以及伤残职工的生活护理费用等三类，分别根据伤残发生概率、工亡概率、工伤护理发生概率、补助金水平、给付时间长度和其他给付条件等来确定. 同时，工伤医疗期间的定期津贴、伤残定期生活津贴、工伤护理补贴、工亡遗属补贴以及一次性伤亡补偿的水平等，通常与伤亡职工过去一年工资水平或社会(地区)职工平均工资相关，并规定最低水平不低于社会(地区)最低工资标准. 因而，工资水平、消费水平及其增长规律也是决定成本的重要因素. 另外，在长期估计中，不同时期的货币价值需要用利率折现或累积才能相互比较，利率也成为估计成本的重要因素.

归纳上面的因素，决定工伤保险成本的因素有：工伤事故发生概率、不同等级的伤残概率、工亡概率、工伤职工死亡概率、遗属死亡概率等风险因素，工资增长率和利率等经济因素，伤亡给付标准、护理标准、就医期间其他补贴标准等制度因素等. 在我国，工伤保险基金支出项目除工伤保险补偿性支出外，还包括事故预防费、职业康复费、安全奖励金、宣传和科研费、工伤保险经办机构管理费、劳动鉴定委员会办公经费等. 而且，从国际经验看，随着工伤保险的发展，工伤保险补偿性支出在总支出中的比例有下降的趋势，事故预防费和工伤康复费在总支出中的比例有逐步提高的趋势.

6.4.3　临时性失能给付

临时性失能给付是指从参保职工受到工伤伤害日起到康复日止的期间内得到的补偿金. 国际上实行工伤保险的国家一般都会对临时性失能的时间长度作出规定，如果雇员在规定时间内通过医疗和康复治疗恢复正常，临时性失能状态将转换为正常状态，临时性失能给付终止，雇员重返工作岗位；如果由于某些严重的工伤导致的后果，在规定时间内受伤职工没有康复，临时性失能将转换为永久性失能状态，雇员开始领取永久性失能津贴. 永久性给付紧接着临时性给付的结束而开始.

对于临时性失能的医疗费用，我国现行制度规定，只要符合工伤保险诊疗项目、药品目录和住院服务标准及康复辅助器具标准的，直接从工伤保险基金支付. 对于职工住院治疗期间的交通和食宿费用，2 年内经批准的停工留薪期间工资福利待遇等，由工伤职工所在单位支付. 这里的工伤保险基金的支出不包括由参保单位直接支付的部分.

一定时期内临时性失能给付数额决定于临时性失能人数，平均失能赔付的支付时期和人均赔付额. 以公式表示为

$$B(t)=N(t)\times M(t)\times K(t) \tag{6.8}$$

其中，$B(t)$为 t 年临时性失能支出，$N(t)$为 t 年领取临时性失能给付的人数，$M(t)$为 t 年人均领取天数，$K(t)$为平均每天的给付支出，其中，$N(t)$是临时性失能的发生概率和参加工伤保险的人数之积. 由于 t 年临时性失能给付支出既包括在 t 年前发生失能在 t 年支出的给付，又包括在 t 年内发生的失能在当年的支出，因此，在计算中通常分别估计在 t 年前和 t 年内的给付领取人数、人均领取天数和平均每年的给付支出.

为了更加清晰地阐释公式中各变量的意义，区分各阶段发生的工伤事故对给付额的不同影响，国际上通常将对未来某年临时性失能给付的估计过程按事故发生时间分为两个阶段，即评估年前发生伤残所引起的临时性失能给付和评估时还未发生、但即将发生的伤残所引起的临时性失能给付.

1. 评估年前已发生伤残的临时性失能给付

假设临时性失能最大领取年度为 n 年，评估年和事故发生年的差为 d，预测年与评估年的差为 t. 这时若假设评估年为第 0 年，则在第 t 年，即事故发生 $d+t$ 年，由发生在评估年以前的工伤事故所引发的临时性失能给付 $B_1(t)$为

$$B_1(t)=\sum_{d=0}^{n-1-t} N_d(0)\cdot P(d,t)\cdot M(d+t)\cdot K(0)\cdot f(t) \tag{6.9}$$

其中，$N_d(0)$是事故发生在评估年前 d 年、在评估年内接受给付的人数，$0\leqslant d\leqslant n-1$，$P(d,t)$是事故发生 d 年后的接受给付者中在 $d+t$ 年仍是接受给付者的比例，当 $d+t\geqslant n$ 时，$P(d,t)=0$，$M(d+t)$ 是接受给付者在事故发生后 $d+t$ 年的人均给付天数; $K(0)$是评估年每人每日平均给付，$f(t)$是 t 年平均给付的指数增长因子，其中，N 和 K 是在评估年可得到的统计数据，$P(d,t)$和 $M(d+t)$则需要精算师根据过去的经验作出推理和假设.

当用作估计的经验数据不足够大时，对事故发生后每一年的给付领取人数和他们的人均领取天数进行单独估计比较困难. 这时可以对这两个向量进行联合估计，得到事故发生后事故给付天数随年份变化的分布，具体公式如下，其中 $0<t<n-1$：

$$B_1(t)=\sum_{d=0}^{n-1-t} I_d\cdot D(d+t)\cdot K(0)\cdot f(t) \tag{6.10}$$

其中，I_d是评估年前 d 年发生的新事故数，$0\leqslant d\leqslant n-1$，$D(d+t)$是接受给付者在事故发生后 $d+t$ 年的人均给付天数，其中，I 和 K 是在评估年可得到的统计数据，$D(d+t)$则

需要精算师根据过去的经验作出推理和假设.

下面举一个具体的例子对上述公式进行更加直观的说明. 已知 2009 年以前发生的工伤事故的进展数据和与其对应的给付天数进展数据, 2002 年到 2009 年的新发生事故数及其随延迟期变化的进展数据见表 6-2, 与之相应的随延迟期变化的给付天数数据见表 6-3, 其中, 延迟期表示工伤事故发生后得到临时性失能给付的延迟年数, 即给付年与事故发生年的差; 2009 年平均每人每天领取 50 元临时性失能给付, 且给付标准的年增长率为 5%. 假设临时性失能给付年限为 6 年, 评估年为 2009 年, 对 2011 年的临时性失能给付进行估计. 2011 年的给付来自 2009 年前已经发生工伤事故的续年给付和 2009 年以后将要发生的事故在 2011 的给付. 这里用以上两种方法对由发生在评估年以前的工伤事故所引发的临时性失能给付 $B_1(t)$ 进行估计.

表 6-2　2002~2009 年新发生事故数和随延迟期变化的给付人数

年份	事故数	随延迟期变化的给付人数					
		0	1	2	3	4	5
2002	20051						256
2003	19267					456	294
2004	19431				523	324	234
2005	19570			743	637	432	
2006	19655		7724	753	632		
2007	20386	20386	8431	876			
2008	20092	20092	7943				
2009	20535	20535					

注: 表 6-2~表 6-6 中数据引自 "ILO. Actuarial practice in social security. 2002, 219~220".

表 6-3　2002~2009 年随延迟期变化的给付天数

年份	事故数	随延迟期变化的给付天数					
		0	1	2	3	4	5
2002	20051						35930
2003	19267					129615	44523
2004	19431				156455	100700	28966
2005	19570			237421	120532	107014	
2006	19655		458070	235499	144534		
2007	20386	427650	400496	204421			
2008	20092	509327	438984				
2009	20535	479970					

按照上述假设条件，评估年 2009 年为第 0 年，预测年 2011 年为第 2 年，需要估计的变量是 $B_1(2)$，只有在 2006~2011 年发生的工伤事故才有可能在 2011 年得到临时性失能给付，其中，2006~2009 年(d=3,2,1,0)是评估年之前的事故发生年，这里将仅对该部分临时性失能给付进行估计. 在本例中，若按照式(6.9)，有

$$\begin{aligned} B_1(2) &= \sum_{d=0}^{3} N_d(0)\cdot P(d,2)\cdot M(d+2)\cdot K(0)\cdot f(2) \\ &= N_3(0)\cdot P(3,2)\cdot M(5)\cdot K(0)\cdot f(2) + N_2(0)\cdot P(2,2)\cdot M(4)\cdot K(0)\cdot f(2) \\ &\quad + N_1(0)\cdot P(1,2)\cdot M(3)\cdot K(0)\cdot f(2) + N_0(0)\cdot P(0,2)\cdot M(2)\cdot K(0)\cdot f(2) \end{aligned}$$

可见，预测年给付估计的三个要素为领取人数，领取天数和日给付额. 本例中与领取人数相关的数据包括 2006~2009 年发生的工伤事故在评估年仍在领取给付的人数($N_3(0)$, $N_2(0)$, $N_1(0)$, $N_0(0)$)及其进展因子($P(3,2)$, $P(2,2)$, $P(1,2)$, $P(0,2)$)，其中，N 可由表 6-2 得到，P 需要用经验数据进行估计；与领取天数相关的数据为延迟期分别为 5 至 2 年的年内人均领取天数，需要用经验数据进行估计；与日给付额相关的数据为预测年的每人每日临时性失能给付，可对评估年当年平均给付进行调整得到.

下面对领取人数进展因子 P 进行估计. 假设在一定时期内，领取人数进展因子只与延迟期有关，且在短期内人数演变的模式保持不变，可用于预测. 这里我们需要的是环比进展因子的概念，即后一期与前一期比较变化的程度，为了分别计算环比进展因子，首先计算定基进展因子，即每一期均与基期比较. 具体过程为：首先分别用表 6-2 中第三列至第八列各延迟期的给付领取人数除以第二列，得到各事故发生年给付人数的定基进展因子(表 6-4 中的前八行)；然后按照不同延迟期分别对这些进展因子求算术平均，得到稳定的、可用于估计和预测的领取人数定基进展因子(表 6-4 中倒数第二行)；最后将定基数据转化为相应的环比数据(表 6-4 中最后一行).

表 6-4　2002~2009 年各延迟给付年相对于事故发生年领取人数的进展因子

年份	0	1	2	3	4	5
2002						0.0128
2003					0.0237	0.0153
2004				0.0269	0.0167	0.0120
2005			0.0380	0.0325	0.0221	
2006		0.3930	0.0383	0.0322		
2007	1.0000	0.4136	0.0430			
2008	1.0000	0.3953				
2009	1.0000					
平均	1.0000	0.4006	0.0397	0.0305	0.0208	0.0134
环比	1.0000	0.4006	0.0992	0.7683	0.6813	0.6420

例如, 2005 年发生的事故数为 19570, 到 2007 年仍在领取临时性给付, 即延迟期为两年的人数为 743, 其定基进展因子为 0.0380=743/19570, 按照此法分别计算, 可得到 2006 年和 2007 年发生的事故延期两年仍在领取的人数定基进展因子, 并将这三个数据取算术平均, 得到延期一年领取人数的定基进展因子 0.0397=(0.0380 + 0.0383 + 0.0430)/3;延迟两年的环比进展因子, 即事故发生后第二年与事故发生后第一年相比领取给付人数的变化程度为 0.0992=0.0397/0.4006. 由此可得上面计算式中参数向量 $\boldsymbol{P}$ 的值: $\boldsymbol{P} = (P(3,2), P(2,2), P(1,2), P(0,2))=(0.6813 \times 0.6420, 0.7683 \times 0.6813, 0.0992 \times 0.7683, 0.4006 \times 0.0992)=(0.4373, 0.5234, 0.0762, 0.0397)$.

下面对延迟期分别为 5 至 2 年的年内人均领取天数进行估计. 假设在一定时期内, 人均领取天数只与延迟期长度有关, 即在短期内人均领取天数变化的模式保持不变. 人均领取天数在数值上等于总领取天数与相应年份的领取人数之商. 具体过程为: 用表 6-3 中第三列至第八列各延迟期的给付领取天数数据除以表 6-2 中对应位置的数据, 得到各事故发生年随延迟期变化的人均领取天数数据(具体结果见表 6-5); 对表 6-5 中的每一列进行算术平均得到稳定的、可用于估计和预测的人均领取天数(表 6-5 中最后一行). 由此可得上面计算式中参数向量 $\boldsymbol{M}$ 的值: $\boldsymbol{M}=(M(5), M(4), M(3), M(2))=(138.53, 280.92, 239.02, 288.55)$.

表 6-5　2002~2009 年随延迟期变化的人均领取天数

年份	0	1	2	3	4	5
2002						140.35
2003					284.24	151.44
2004				299.15	310.80	123.79
2005			319.54	189.22	247.72	
2006		59.30	312.75	228.69		
2007	20.98	47.50	233.36			
2008	25.35	55.27				
2009	23.37					
平均	23.23	54.02	288.55	239.02	280.92	138.53

由已知条件知, 2009 年平均每人每天领取 50 元临时性失能给付, 且给付标准的年增长率为 5%, 由此可知计算式中 $K(0)=50$, $f(2)=(1+5\%)^2=1.1025$, $K(2)=K(0) \times f(2)=55.125$. 至此上面计算式中的所有参数已全部估计出来, 可以对 2011 年由评估年前发生的事故所引起的给付情况进行估计:

$$\begin{aligned}B_1(2) &= 632\times0.4373\times138.53\times55.125+876\times0.5234\times280.92\times55.125\\&\quad+7943\times0.0762\times239.02\times55.125+20535\times0.0397\times288.55\times55.125\\&=30153000\end{aligned}$$

若按照式(6.10)的方法进行估计，同样需要三个要素：新事故数，领取天数和日给付额. 其中与新事故数相关的数据为2006~2009年新发生的工伤事故数，可由表6.2中第二列得到，$\boldsymbol{I}=(I_3, I_2, I_1, I_0)=(19655, 20386, 20092, 20535)$；与领取天数相关的数据为延迟期分别为5至2年的年内人均领取天数，需要用经验数据进行估计；与日给付额相关的数据为预测年的每人每日临时性失能给付，可对评估年平均给付进行调整得到，结果同式(6.9)的方法，即 $K(2)=K(0)\times f(2)=55.125$. 有关计算式如下：

$$
\begin{aligned}
B_1(2) &= \sum_{d=0}^{3} I_d \cdot D(d+2)\cdot K(0)\cdot f(2) \\
&= I_3\cdot D(5)\cdot K(0)\cdot f(2)+I_2\cdot D(4)\cdot K(0)\cdot f(2) \\
&\quad +I_1\cdot D(3)\cdot K(0)\cdot f(2)+I_0\cdot D(2)\cdot K(0)\cdot f(2)
\end{aligned}
$$

这里的所谓人均领取天数与式(6.9)给出的方法不同，式(6.9)方法中人均领取天数计算的分母是不同年份发生的事故在延迟期内每年的实际领取人数，而这里的分母是不同年份发生的符合临时性失能给付要求的新事故数. 具体计算过程为：用表6-3中第3~8列各延迟期的给付领取天数除以第二列对应位置的新事故数数据，得到各事故发生年随延迟期变化的人均领取天数数据(具体结果见表6-6)；然后按照不同延迟期分别对每列求算术平均，得到稳定的、可用于估计和预测的人均领取人数(表6-6中最后一行). 由此可得上面计算式中参数向量 $\boldsymbol{D}$ 的值：$\boldsymbol{D}=(D(5), D(4), D(3), D(2))=(1.86, 5.79, 7.19, 11.38)$.

表6-6　2001~2008年随延迟期变化的人均领取天数

年份	0	1	2	3	4	5
2001						1.79
2002					6.73	2.31
2003				8.05	5.18	1.49
2004			12.13	6.16	5.47	
2005		23.31	11.98	7.35		
2006	20.98	19.65	10.03			
2007	25.35	21.85				
2008	23.37					
平均	23.23	21.60	11.38	7.19	5.79	1.86

至此上面计算式中的所有参数已全部估计出来，可以对2011年由评估年前发生的事故所引起的给付情况进行估计：

$$
\begin{aligned}
B_1(2) &= 19655\times 1.86\times 55.125+20386\times 5.79\times 55.125 \\
&\quad +20092\times 7.19\times 55.125+20535\times 11.38\times 55.125 \\
&=29367459
\end{aligned}
$$

2. 评估年后发生伤残的临时性失能给付

未来某一年的给付不仅包括由评估年前已经发生的工伤事故所引起的续年给付，还应该包括评估年后、预测年之前将要发生的事故所引起的续年给付以及预测年发生事故的首年给付．与式(6.10)的方法类似，这里用式(6.11)估计评估年后某年发生伤残的临时性失能给付，其中，j 表示事故发生年和评估年之差，t 表示预测年和评估年之差，n 表示临时性失能给付年限.

$$B_2(t)=\sum_{j=\max\{1,t-n+1\}}^{t} I_j\cdot D(t-j)\cdot K(j)\cdot f(t-j) \tag{6.11}$$

其中，I_j 是评估年后第 j 年发生的新事故数；$D(t-j)$是接受给付者在事故发生后 $t-j$ 年的人均给付天数；$K(j)$是评估年后第 j 年每人每日平均给付；$f(t-j)$是 $t-j$ 年内平均给付的指数增长因子．其中发生在评估日之后第 j 年的新事故数决定于关于劳动力覆盖率和事故发生率变动情况的假设，I_j 的一个较为合理的估计公式如下：

$$I_j=W(0)\times(1+g)^j\times F(0)\times(1+\nu)^j \tag{6.12}$$

其中，$W(0)$是预测期间前一年工伤保险计划覆盖的人数，g 是人口增长率，$F(0)$是预测期间前一年的事故发生频率，ν是事故发生频率增长率．$W(0)$是已知统计数据，其他变量均需要假设或估计．g 和 $F(0)$的选择大体上可以用过去经验数据配合适当的经济社会发展指标假设来估计，事故频率的年变化率ν比较复杂，各种职业健康以及安全保护措施的变化对事故发生的潜在影响都应加以考虑．$K(j)$与 $K(0)$，与 0 到 j 年的工资增长率，与这段时间内不同经济部门活动的变化状况对事故发生频率的影响等相关.

考虑上一节中的例子，对由发生在评估年 2009 年以后的工伤事故所引发的临时性失能给付 $B_2(t)$进行估计．按照有关的假设条件，在评估年之后，只有 2010 年和 2011 年(j=1,2)发生的工伤事故才有可能在 2011 年得到临时性失能给付，这里将仅对该部分临时性失能给付进行估计．按照式(6.11)进行估计，则有关计算式如下：

$$\begin{aligned}B_2(2)&=\sum_{j=1}^{2}I_j\cdot D(2-j)\cdot K(j)\cdot f(2-j)\\&=I_1\cdot D(1)\cdot K(1)\cdot f(1)+I_2\cdot D(0)\cdot K(2)\cdot f(0)\end{aligned}$$

按照上节的描述，对未来某年给付进行估计需要三个要素：新事故数，领取天数和日给付额．其中与新事故数相关的数据为 2010 年和 2011 年新发生的工伤事故数，可以用经验数据进行外推估计，本节用 2003~2009 年的新事故数作为历史经验数据，得到平均增长率为 1.07%，I_1=20535×(1+1.07%)=20754，I_2=20535×(1+1.07%)^2 = 20976；与领取天数相关的数据为延迟期分别为 1 年和 0 年的年内人均领取天数，需要用经验数据估计，由表 6-6 的估计结果知，$D(1)$ = 21.60，$D(0)$ = 23.23；与日给付额相关的数据为预测年的每人每日临时性失能给付，在假设未来短期内平均给付增长率不变的假设下，可由评估年平均给付调整得到，$K(0)\times f(2) = K(1)\times f(1) = K(2)\times f(0) = 50\times(1+5\%)^2 = 55.125$. 将上述参数代入计算式中可得

$$B_2(2) = 20754\times 21.60\times 55.125 + 20976\times 23.23\times 55.125 = 51572683.$$

将发生在评估年2009年前后的事故在预测年2011年的给付加总，即得到2011年临时性失能给付的估计值，按照式(6.9)和式(6.10)，计算结果分别为81725683和80940142.

按照这种方法就可以对未来几年(2010年, 2011年, 2012年,…)的期望给付支出进行有效的估计，对这些现金流进行折现就可以得到相关的负债.

$$\mathrm{AL}(0) = \sum_t \frac{B(t)}{(1+i)^{t-1/2}} \tag{6.13}$$

其中, AL(0)是评估年的精算负债或准备金, i 是名义利率.

6.4.4 永久性失能给付和工亡遗属津贴

伤残职工丧失劳动能力按照其程度可分为完全丧失和部分丧失. 对完全丧失劳动能力的伤残职工，工伤保险为其提供工伤年金给付，给付标准相当于工伤前工资的一定比例；对部分丧失劳动能力的伤残者，工伤保险为其提供因伤残工资损失部分的一定比例. 两者的给付期均从医疗期满或评残起到工伤职工享受退休待遇止. 对工伤死亡职工的遗属，发给定期抚恤金，给付期通常从工伤职工死亡起到被供养者死亡或供养的未成年人成年后. 在我国，因工致残1级~4级的，按月发给本人工资的75%~90%，工伤每增加一级待遇递减工资的5%. 到达退休年龄并办理退休手续后，停发伤残津贴，享受基本养老保险待遇. 基本养老保险待遇低于伤残津贴的，由工伤保险基金补足差额.

工伤职工确认需要护理的，每月依护理等级发给上年度当地职工月平均工资的50%、40%和30%. 对工伤死亡职工生前供养的配偶，每月发给上年度职工月平均工资的40%，其他供养亲属每人每月按职工平均月工资的30%发放，孤寡老人或孤儿在上述标准上加发10%，但抚恤金总额最高为死者过去的工资.

上述各种定期给付均是以领取人生存为条件的年金，年支出是每年各类领取者人数与相应的给付水平之积：

$$\text{全残者抚恤金年支出}=\sum(\text{职工人数}\times\text{各类全残概率}\times\text{职工平均工资}\times\text{各类全残抚恤金在工资中的比例}) \tag{6.14}$$

$$\text{部分伤残抚恤金年支出}=\sum(\text{职工人数}\times\text{部分伤残概率}\times\text{伤残平均工资损失}\times\text{伤残抚恤金在工资损失中的比例}) \tag{6.15}$$

$$护理费支出 = \sum (职工人数 \times 各类伤残概率 \times 各级护理比率 \times 职工平均工资 \times 各级护理费在工资中的比例) \tag{6.16}$$

$$遗属抚恤金支出 = \sum (职工人数 \times 工亡概率 \times 平均每个工亡职工供养的遗属人数 \times 职工平均工资 \times 遗属抚恤金在工资中的比例) \tag{6.17}$$

$$各类定期给付年度支出总额 = 全残抚恤金支出 + 部分伤残抚恤金支出 + 护理费支出 + 遗属抚恤金支出 \tag{6.18}$$

在对这部分给付支出进行估计时，同样可以采用按照事故发生时间分别估计的方法，其核心思想与上节对临时性失能给付支出的估计相似，但公式中的具体变量的含义会有所差异，其中，d 和 t 的假设和上一节相同，分别表示评估年和事故发生年的差，预测年和评估年的差. 发生在评估年前的工伤事故所引起的未来年金支付在 t 时刻的现值估计公式如下，

$$\mathrm{PINA}_x(t) = \sum_{d=0}^{m-t} I_d \cdot LT_x(d+t) \cdot K_x(0) \cdot f(t) \cdot \mathrm{NAA}_x \quad t \leqslant m \tag{6.19}$$

其中，领取者在评估年后第 t 年 x 岁，$\mathrm{PINA}_x(t)$表示事故发生在评估年前且从第 t 年开始接受的全部给付额在 t 时刻的现值，I_d 表示评估日之前 d 年发生的新事故数，$\mathrm{LT}_x(d+t)$表示事故发生在评估日前 d 年的给付接受者中在事故发生后 $d+t$ 年仍然是给付接受者的比例，$K_x(0)$表示评估年的月给付水平，$f(t)$表示 t 年间的给付水平变化指数，NAA_x 表示月支付为 1 的年金现值，m 是使 $\mathrm{LT}_x(u)$大于零的最大的 u 值.

评估年之后将要发生的工伤事故所引起的未来年金支付在 t 时刻的现值用下式估计，

$$\mathrm{FINA}_x(t) = \sum_{j=\max\{1,t-m\}}^{t} I_j \cdot \mathrm{LT}_x(t-j) \cdot K_x(j) \cdot f(t-j) \cdot \mathrm{NAA}_x \tag{6.20}$$

其中，I_j表示评估日之前 j 年发生的新事故数，$\mathrm{LT}_x(t-j)$表示事故发生在评估日后 j 年的给付接受者中在事故发生后 $t-j$ 年仍然是给付接受者的比例，$K_x(j)$表示评估年后 j 年的月给付水平，$f(t-j)$表示 $t-j$ 年间的给付水平变化指数，x, NAA_x, m 意义同上.

在年内给付均匀分布的假设下，NAA_x 的计算公式如下：

$$\mathrm{NAA}_x = 12\sum_{y=1}^{\omega-x} {}_{y-1}p_x \times \left(1-\frac{11}{24}q_{x+y-1}\right) \times f(y-1) \div (1+i)^{y-\frac{1}{2}} \tag{6.21}$$

其中，${}_{y-1}p_x$ 是在 x 岁的人在 $y-1$ 后，即 $x+y-1$ 岁仍生存的概率，也就是仍可领取年金的概率，q_{x+y-1} 是年金在 y 年后终止的概率，$f(y-1)$表示 $y-1$ 年期间年金给付变化指数(如果是等额年金，则该项为零)，i 是名义利率；ω 是使生存概率大于零的年龄上限，$\omega-x$ 表示未来年金领取年限.

6.4.5　医疗费用支出

医疗费用给付包括治疗费用、护理费用、药物费用、辅助物品等，其中，治疗费用包括各种例行检查. 辅助物品包括假肢、假体和助听器等. 康复费用包括各种促进受伤职工返回工作岗位或能够维持生存的物理疗法和生理结构改造费用支出. 医疗给付支出由工伤事故概率、医疗费用分布规律、医疗期间的生活补贴决定. 工伤事故概率用单位时间内工伤人数在同期职工总人数中的比例衡量. 由于不同类型企业工伤的发生概率不同，不同工伤程度造成的损失不同，工伤事故概率应分不同行业和不同工伤等级统计. 在我国，工伤等级鉴定缺乏合理的法定标准，目前尚没有建立满足需要的统计资料积累. 医疗分布规律是不同程度工伤治疗或康复所需的医疗费分布，它取决于工伤种类和医疗价格，医疗价格随着经济发展、医疗技术进步而变化，很难作出长期的预测，需要随时根据变化的情况进行调整. 医疗期间的生活补助决定于医疗期和制度规定的补贴标准，实际测算时，需根据医疗期限的分布数据估计平均医疗期限.

有关工伤概率的估计以及医疗费用估计方法与上章讨论的医疗保险成本类似，这里不再赘述. 在上述数据基础上，某年平均每一职工的医疗成本等于不同行业不同等级工伤概率乘以相应等级工伤平均医疗费用之和，行业医疗总成本是平均每一职工医疗成本与行业职工人数之积. 医疗期间的生活补贴等于工伤医疗职工人数乘以工伤职工平均工资再乘以平均医疗期. 因此，工伤医疗期间总成本用公式表示为

$$\text{行业医疗总成本}=\sum(\text{不同行业不同等级工伤概率}\times\text{相应行业职工人数}\times\text{不同等级工伤所需的平均医疗费用}) \tag{6.22}$$

$$\text{医疗期间生活补贴}=\sum(\text{不同行业不同等级工伤概率}\times\text{相应行业职工人数}\times\text{工伤职工年平均工资}\times\text{平均补贴年数}) \tag{6.23}$$

$$\text{工伤医疗期间总成本}=\text{行业医疗总成本}+\text{医疗期间生活补贴} \tag{6.24}$$

在对这部分未来给付支出和精算负债进行估计时，同样可以采用按照事故发生时间分别估计的方法，其公式与前文中临时性失能未来给付的估计方法相同，具体可参照式(6.8)~(6.13)进行.

6.4.6　一次性工伤和工亡补贴支出

一次性伤亡给付支出由伤残概率、工亡概率和规定的给付标准决定. 某年一次性伤残成本等于职工人数与伤残概率和伤残给付的连乘积. 伤残给付标准以伤残前工资为基础，依伤残等级而不同. 我国目前不同伤残等级的给付标准从 1 级到 10 级给付过去工资的 24 个月到 6 个月，相邻等级给付标准相差 2 个月.

$$\text{一次性伤残给付成本}=\sum(\text{职工人数}\times\text{不同等级伤残概率}\times\text{不同等级给付水平相当于过去工资的月数}\times\text{职工平均月工资}) \tag{6.25}$$

一次性工亡给付成本等于职工人数与工亡概率和给付水平的连乘积. 我国一次性工亡给付标准为上年度职工平均月工资的 48~60 个月, 具体标准由省、自治区、直辖市确定.

$$\text{一次性工亡给付成本}=\text{职工人数}\times\text{工亡概率}\times\text{工亡给付相当于过去工资的月数}\times\text{职工平均月工资} \tag{6.26}$$

$$\text{一次性伤亡给付总成本}=\text{一次性伤残给付成本}+\text{一次性工亡给付成本} \tag{6.27}$$

6.4.7　其他项目支出

随着工伤保险的发展, 工伤保险基金中用于工伤预防的支出增大, 根据工伤保险发展目标和工伤保险基金能力的可能, 在一定的支出份额假设下, 可以估计包括工伤预防支出等的其他工伤支出. 例如, 假设某年工伤保险补偿性支出以外的支出在总支出中的比例为 $g\%$, 当年工伤保险补偿性支出为 B, 则其他项目支出额为 $Bg\%/(1-g\%)$.

第 7 章　失业和生育保险精算管理

相对于养老、医疗和工伤保险，失业保险和生育保险的精算管理相对简单，融资模式基本采取有一定准备金积累的现收现付制. 本章讨论失业保险和生育保险精算管理，包括失业保险的融资模式，失业保险基金收支评估，生育保险及其融资模式的特点，生育保险基金收支评估等.

7.1　失业保险制度

失业是指劳动者中断过去的劳动过程、寻找新工作的状态，广义上，也包括达到劳动年龄正在寻找工作的状态. 失业通常由经济波动引起的总需求不足充分就业、技术进步对劳动力需求减少、产业结构发展与劳动力技术结构不适应、劳动力寻找新的工作岗位以及季节性原因等引起. 在市场经济下，劳动力市场给予个人选择工作的自由，因此必然存在某种程度的失业. 失业使劳动者及其抚养者的定期收入来源中断，严重影响他们的正常生活.

现代经济学理论认为，失业可以分为季节性失业、摩擦性失业、结构性失业和周期性失业几种. 其中，季节性失业是由于某些行业生产条件或产品受气候条件、社会风俗或购买习惯的影响，使生产对劳动力的需求出现季节性的波动而形成的失业. 摩擦性失业是由于人们在不同地区、职业或生命周期的不同阶段而变动职业引起的失业. 结构性失业主要是由于经济结构，包括产业结构、产品结构、地区结构等发生变化，现有劳动力的知识、技能、观念、区域分布等不适应这种变化，与市场需求不匹配而引发的失业. 季节性失业、摩擦性失业和结构性失业源于经济中难以避免的因素，也统称为自然失业. 即使在充分就业的情况下，也会存在自然失业. 周期性失业又称为总需求不足的失业，是由经济周期性波动引起的一种失业，在经济复苏和繁荣阶段，劳动力需求增加，就业人数普遍增加；在衰退和谷底阶段，社会需求不足，失业增加，失业率上升.

失业保险是对失业者在一定时期内提供基本生活保障的一种制度化的社会安排. 由于失业是社会全体劳动者共同面临的风险，严重的失业会影响社会安定，因此，失业保险应由国家立法强制建立. 失业保险可以为劳动者在失业期间提供现金给付、维持他们的基本生活，为失业者提供寻找工作的缓冲时间，帮助他们重新就业，同时也对促进经济稳定有效的发展具有重要作用.

失业保险作为一种保险制度，它与救济制度不同，受保人必须具备参加保险的基本条件，并履行缴纳保险费的义务. 通常失业者必须处在法定的劳动年龄，并有一定的就业和缴费记录；同时，失业必须是非自愿性的，并有再就业愿望，接受有关部门的职业介绍. 失业保险费通常由政府、企业和职工个人共同负担，或者由其中的两方或一方负担，不同国家根据国情有不同的选择. 但三方共同负担是世界范围内失业保险制度费用负担方式的主流. 失业保险的目标是保障失业职工的基本生活，通常给付标准为失业者过去工资收入的 40%~60%. 具体的给付规定有采取社会平均工资的一定比例、失业者过去工资的一定比例、最低工资标准的一定比例、定额给付和定额给付加过去工资的一定比例等几种做法. 为了保障失业人员的基本生活并与在职职工收入平衡，通常也规定给付的最高和最低限额. 给付上限通常为失业前的工资水平，下限为基本生活收入标准或最低工资标准，为促进就业，有的国家根据失业期规定给付，失业期越长，给付水平越低. 为了保障失业职工及其抚养者的生活，有些国家对失业者的无工作配偶和未成年子女提供一定数额的附加给付，通常根据被抚养的人数确定附加给付数额. 失业者在失业期间，也可以享受社会保障的其他项目，最基本的是失业者及其被抚养家属有享受医疗保险的权利. 为了减少处理短期申请的管理成本并提供充足的申请处理时间，很多国家规定了失业保险的等待期，一般的等待期为 3~7 天. 为了达到促进就业的目的，失业保险的给付期通常限定在 1 年以内，一般就业期和筹资期越长，给付期限就越长，失业者的年龄越高，给付期越长. 对于给付期满仍未重新就业者，符合一定条件后将成为社会救济的对象. 失业保险在提供失业保险金的同时，积极促进就业，在保险支出上，不少国家开始在职业介绍、职业培训和补贴企业雇佣等方面作了积极的投入.

失业保险具备大部分保险的特征，包括失业风险的可保性，失业损失的可保利益，共保以及通过保险实现风险的集中和转移等. 首先，失业保险具备不受被保险人控制的可保风险，失业风险的发生、持续时间和强度等都是不确定的，需要依据大数法则作出预测. 失业损失具有可保利益，风险一旦发生会造成损失，如果不发生失业则会继续领取薪水. 在失业发生后经过一定的等待期，会有确定的待遇，待遇水平通常只有过去工资的一定比例. 这里的等待期可以看成是一定的保险免赔，只能覆盖被保险人部分过去收入的失业金可以看作是一种共保，从而在一定程度上，也可以规避道德风险，避免自愿离职的被保险人领取养老金.

与个险相比，失业保险有更多团体保险的特征. 失业保险通常采取标准保费方式，每个参加个人都按照过去收入的一定比例缴纳保费. 失业保险要求强制参保，不存在针对个人的风险评估和选择，个人无权选择失业保险金的水平，缴费通常由雇主和雇员共同承担. 同时，失业保险也具备社会福利的特征. 例如，一些国家的失业保险覆盖到季节性雇员，对于有家庭负担的被保险人，通常会支付较高水平的赔付，在高失业率地区，会适当允许延长给付期. 与其他类型社会保险类似，失业保险的再分配特征明显，失业保险金来源于所有在职参保人的缴费，而只支付给那些参保失业人员，从而产生了从就业缴费人群到失业人群的收入再分配.

在我国，过去传统的社会主义经济理论认为社会主义公有制彻底消灭了失业，实现了劳动力和生产资料的直接结合. 在实践上，与高度集中的计划经济相适应，对劳动力的管理长期以来实行“统包统配”和固定工制度，牺牲了劳动效率，导致了劳动生产率的下降. 改革开放初期，随着农村改革和人民公社的解体，大批知识青年离乡回城，城镇失业现象严重，但当时在理论上仍不承认失业，而是以“待业”代之. 1984 年后，我国经济体制改革的中心由农村转向城市，国有企业改革成为改革的重点. 为了充分调动职工的积极性、主动性和创造性，最大限度的促进生产力的发展，1986 年 7 月 12 日国务院发布了《国营企业职工待业保险暂行规定》，从当年 10 月 1 日起实施，这标志着我国失业保险制度的建立. 其保障对象是国有企业辞退的职工和破产企业的职工，保险费由企业以标准工资总额的 1% 缴付，不足部分由地方财政补贴，给付标准为待业职工离开企业前两年内本人月平均标准工资的一定比例. 在此基础上，1993 年 4 月 12 日国务院发布了《国营企业职工待业保险规定》，从当年 5 月 1 日开始实施，它标志着我国失业保险事业发展到了一个新阶段. 与 1986 年的《暂行规定》相比，在缴费上把过去的以标准工资为基础修改为以企业职工工资总额的 0.6%缴付，并且地方政府根据基金状况可以适当增减缴费标准，但最多不超过企业工资总额的 1%. 失业津贴的发放标准相当于当地民政部门规定的社会救济水平的 120%~150%，具体标准由省、自治区、直辖市政府规定. 但是，正如上述规定的名称一样，其实施范围仍然仅限于国有企业，并且仍然以“待业”避开“失业”一词. 尽管失业保险的发展比较缓慢，但经过十多年的发展，失业保险已在全国国有企业全面实施，并且很多省份已扩展到集体企业的职工.

1999 年 1 月 22 日国务院发布了《失业保险条例》，条例规定，失业保险的覆盖范围为城镇企业的职工，包括国有企业、城镇集体企业、外商投资企业、城镇私营企业及其他城镇企业. 失业保险基金来源于城镇企事业单位及其职工缴纳的失业保险费、企业保险基金的利息、财政补贴以及依法纳入失业保险基金的其他资金. 缴费标准为，城镇企事业单位按本单位工资总额的 2%缴纳失业保险费，职工按本人工资的 1%缴纳，招用的农民合同工本人不缴纳失业保险费. 省区根据失业人数和失业保险基金数额，经国务院批准，可以适当调整缴费率. 失业保险基金的统筹层次为直辖市和设区的市，其他地区的统筹层次由省区政府规定. 省区可以建立失业保险调剂基金，解决地区失业保险基金不平衡问题. 失业保险基金的支出范围包括失业保险金、领取失业保险期间的医疗补助金、领取期间死亡的丧葬补助金和其供养的配偶、直系亲属的抚恤金、领取期间接受职业培训和职业介绍的补助等.

失业保险金的领取条件为参加失业保险，并履行缴费义务满一年、非因本人意愿中断就业、已办理失业登记并有求职要求者. 重新就业、应征服兵役、移居境外、享受养老待遇和被判刑或劳教的终止领取失业保险金和享受的其他失业保险待遇. 失业保险金的领取期限决定于缴费期限，累积缴费 1～5 年的，领取期限最长为 12 个月；累积缴费 5～10 年的，领取最长的期限为 18 个月；缴费 10 年以上的，最长领取 24 个月. 失业保险金从办理失业登记之日起计算，没有必要的等待期. 重新就业后再次失业的，缴费时间重新计算. 失业保险金的给付标准低于当地最低工资标准，高于城市居民最低生活保障标准的水平，具体标准由省区决定. 失业保险的基金存入财政部门在国有商业银行开设的社会保障基金财政专户或购买国债，按同期城乡居民存款利率和国债利息计息. 此外，条例对失业保险管理和监督部门的责任作了专门规定，失业保险的管理费列入预算，由财政拨付. 强调了失业保险的强制性和严肃性，对违反规定者根据情节实施罚款、行政处分和追究刑事责任.

《失业保险条例》的颁布，标志着我国失业保险制度已逐步走向成熟，尽管条例中仍然有若干规定需要进一步发展和完善，但它对保障失业职工的基本生活，促进劳动力资源的合理配置，从而促进经济体制改革具有重要意义.

2005 年，为充分发挥失业保险制度促进再就业的功能，国务院发布了《关于进一步加强就业再就业工作的通知》(国发[2005]36 号)，决定从 2006 年 1 月起在北京、上海、江苏、浙江、福建、山东、广东 7 省市开展为期三年的“适当扩大失业保险基金支出范围试点工作”. 将失业保险基金的支付扩大到对失业人员的职业培训补贴、职业介绍补贴、社会保险补贴、岗位补贴和小额担保贷款贴息支出. 试点工作在失业保险促进就业的工作上取得了积极的效果. 但是，现行制度仍然存在覆盖面狭窄、统筹层次过低的问题. 制度的覆盖范围只有城镇企事业单位的职工，没有将城镇各类灵活就业人员纳入其中，更没有覆盖广大的农村就业人员，失业保险的发展严重滞后于城镇就业格局及就业方式的重大变化. 另外，现行制度的统筹层次过低，基本上在直辖市和设区的市实行全市统筹，这就极大地限制了失业保险应有的功能和作用的发挥，不利于统一调度、集中管理和使用资金，基金的整体抗风险能力脆弱.

7.2　失业水平的度量

失业是与就业相对的概念，它是在劳动年龄内，有劳动能力，无业并有就业愿望的状态. 就业是劳动年龄内，从事社会劳动并取得劳动报酬和经营收入的状态. 劳动年龄内的就业和失业人数之和是劳动力人口. 失业水平通常用失业率表示，它是失业人数在劳动力人口中的比例. 城镇失业率是城镇范围内的失业人数在城镇劳动力人数中的百分比. 由于不同年龄、不同职业、不同地区的失业率存在较大差异，为了反映失业的分布，需要统计分年龄失业率、分职业失业率和不同地区的失业率.

在我国，统计部门公布的失业率数据是城镇经济活动人口中登记失业人口的比率，其中，城镇登记失业人口是指非农业户口，在劳动年龄内，有劳动能力，无业而要求就业，并在当地就业服务机构有求职登记的人数. 由于我国的就业服务和失业保险制度并不发达，一部分无业人员虽然正在积极寻找工作，但不一定去就业服务机构登记，因而，实际失业人数高于登记失业人数. 城镇经济活动人口是城镇从业人口与城镇登记失业人口之和，从业人口是指 16 岁以上从事一定社会劳动并取得劳动报酬或经营收入的人员，它包括已退休再就业的人员. 但实际上，再就业的已退休职工并没有失业风险，他们失去工作后可以享受退休待遇，因而，把他们包括在计算失业率的分母中也是不合适的. 如果剔除再就业的已退休人员，我国的登记失业率更高.

我国失业率的统计比较粗糙，在 20 世纪 90 年代前很少有分年龄、分职业和行业的失业率数据. 根据劳动部门和统计部门提供的城镇失业率数据，在建国初期，中国的失业问题十分严重，在 1952 年失业率达到 13.2%，见表 7-1. 当时中央政府为解决这一重大的社会问题，在各级政府成立了劳动就业委员会，制订了一系列解决失业问题的措施和办法，经过几年的努力，到 1957 年我国宣布消灭了失业. 虽然在从此以后的长达 30 多年的时间里不承认失业，而以“待业”代之，但实际上从 1960 年开始，由于国家经济建设遇到了困难，政府不得不采取精简职工的办法调整国民经济，1961~1963 年，全民所有制职工精简比例高达 34.7%. 1966~1976 年，国民经济遭到空前破坏，生产停滞，城市就业容量缩小. 1979 年后，大批下乡的知识青年返城，城镇失业问题又成为突出的社会问题，失业率达到 5.9%，为此在实际中采取了“子女顶替”、“内招”和国有企业兴办大批劳动服务公司等做法安置

表 7-1　历年城镇失业率

年份	失业率	年份	失业率	年份	失业率	年份	失业率
1952	13.2	1985	1.8	1994	2.8	2003	4.3
1957	5.9	1986	2.0	1995	2.9	2004	4.2
1978	5.3	1987	2.0	1996	3.0	2005	4.2
1979	5.4	1988	2.0	1997	3.1	2006	4.1
1980	4.9	1989	2.6	1998	3.1	2007	4
1981	3.8	1990	2.5	1999	3.1	2008	4.2
1982	3.2	1991	2.3	2000	3.1	2009	4.3
1983	2.3	1992	2.3	2001	3.6		
1984	1.9	1993	2.6	2002	4		

资料来源：1952~1993 年数据来源于《中国劳动统计年鉴》，中国劳动出版社 1993; 1994 年以后的数据来源于《中国统计年鉴》.

就业，使失业率迅速下降. 但是，这种安置是以降低劳动生产率为代价的. 80 年代中期以后，登记失业率迅速下降，基本稳定在 2.6%以下. 进入 90 年代，在经济高速增长的同时，城镇登记失业率也同步增长，从 1990 年的 2.5%，上升到 1999 年的 3.1%. 到 2000 年后，失业率进一步上升到 4%以上. 城镇登记失业率的上升一方面与城镇新增劳动力和经济结构调整产生的下岗人员有关，另一方面也与失业登记制度的完善有关.

7.3　失业保险基金精算评估

为了体现失业保险的保险性质，参加失业保险的人员需要定期从工资收入中以缴费或缴税的方式缴纳失业保险费或税. 失业保险基金通常采取现收现付的融资模式. 受经济波动的影响，失业金的支出规模也会随之波动，为了保持在一定时期内缴费率的稳定性，通常需要在失业率较低、失业金支出较少的时期积累一定的准备金，用于补充因失业率较高、失业金支出增加时期的给付不足，因而，在实践中，失业保险的融资模式往往采取有一定准备金的现收现付制，也就是采取在若干年内收支均衡的长期平衡模式.

我国的失业保险制度是从 1986 年逐步建立起来的，失业保险在救济失业职工、实现再就业方面发挥了重要的作用. 失业保险基金收支逐年增长，全国累积结余稳步增加，到 2008 年，失业保险参保人数超过 1.2 亿人，待遇领取人数达到 542 万人，失业保险基金的累计结余超过 700 亿元. 表 7-2 列出了历年失业保险基金的收支和结余状况.

7.3.1　数据来源

失业保险的收支预测的基础数据通常来源于国家统计部门定期公布的统计年鉴和定期的统计报告、人口普查数据、抽样调查数据等.

统计年鉴和定期报告，包括人口、经济、劳动与工资等方面的数据. 我国公开发布的社会经济统计数据主要来自国家和地方的统计部门，如《中国统计年鉴》、《中国统计摘要》、《中国工业经济统计年鉴》、《中国人口统计年鉴》、《中国市场统计年鉴》、《劳动和社会保障年鉴》、《劳动统计年鉴》等. 统计年鉴提供了分年龄、分性别、分户口性质、分职业、分行业的城镇就业人员工作时间构成等详细的数据、就业与失业数据、劳动报酬数据等.人口和经济普查数据，提供了人口和不同就业类型人口在调查时点和过去一年内的分类数据，包括：分年龄性别劳动力人口、分年龄性别不同职业劳动力人口、不同职业就业收入、未就业者状态及其经济来源等. 我国从 1990 年起，每 10 年进行一次人口普查，每 5 年进行一次人口抽样调查. 2000 年人口普查提供了“是否有工作”、“未工作者状态”和“未工作者主要生活来源”等项目. 2003 年全国经济普查提供了从业人数及其分类的详细数据. 普查数据比较

表 7-2　历年失业保险基金收支　（单位：亿元）

年份	收入	支出	结余
1989	6.8	2.0	13.6
1990	8.0	2.5	19.5
1991	9.3	3.0	25.7
1992	11.7	5.1	32.1
1993	17.9	9.3	40.8
1994	25.4	14.2	52.0
1995	35.3	18.9	68.4
1996	45.2	27.3	86.4
1997	46.9	36.3	97.0
1998	72.6	56.1	133.4
1999	125.2	91.6	159.9
2000	160.4	123.4	195.9
2001	187.3	156.6	226.2
2002	215.6	186.6	253.8
2003	249.5	199.8	303.5
2004	291.0	211.0	386.0
2005	340.3	206.9	519.0
2006	402.5	198.0	724.8
2007	471.7	217.6	979.1
2008	585.1	253.5	1310.1

数据来源：中国统计年鉴 2009，国家统计局编.

准确，规范化程度高，但通常只在普查实施至少几年之后才可以得到. 特别是有关劳动力方面的数据，时效性太差，且普查提供的数据范围比较狭窄. 失业数据也来源于抽样调查，抽样调查数据可以反映最近的情况，时效性强，范围广泛，准确性高.

在采用上述数据进行精算评估时，需要了解所用数据的来源、数据的内涵和外延、数据的收集和编制方法、它们的限制和不足、数据的精度、披露数据的完整性以及相关法律环境等.

7.3.2　年度收入

失业保险的保费通常按在职劳动收入的一定比例征收. 国际上有缴费和征税两种方式. 采取缴费的方式通常由雇主从工资收入中代扣.

按工资收入的规定比例征收失业保险费，失业保险费的年收入等于缴费者人数、平均缴费工资、失业保险费率三者的乘积. 依据我国失业保险条例，失业保险基金的收入来源于参加失业保险的企事业单位及其职工缴纳的失业保险费、财政补贴和失业保险基金的利息三部分. 其中，单位和个人的失业保险费分别以工资总额和个人工资的固定比例缴付，在就业人口规模和失业保险覆盖率下，根据规定的缴费比例，可以估计出年度失业保险缴费额.

$$\begin{aligned}\text{年度失业保险缴费额} &= \text{年度从业人口数} \times \text{失业保险覆盖率} \\ &\quad \times \text{覆盖人口的年平均工资水平} \\ &\quad \times \text{规定的失业保险缴费率}\end{aligned} \tag{7.1}$$

如前所述，我国失业保险的覆盖范围规定为，城镇事业单位、国有企业、城镇集体企业、外商投资企业、城镇私营企业以及其他城镇企业，缴费率规定为：单位缴付工资总额的 2%，个人缴付工资的 1%，合计缴费率为 3%. 根据对城镇从业人口和失业保险覆盖率的预测，在一定的社会平均工资增长率假设下，可以对未来失业保险缴费额作出预测.

失业保险基金的利息收入根据对利息率的预测进行估计. 财政补贴额依据国家政策确定. 目前，国家和地方财政并没有对失业保险基金作实质性的投入，只是强调财政托底，也就是在失业保险基金出现收支赤字时，由财政投入补贴解决.

7.3.3　年度失业金支出

理论上，失业保险金年度支出是被保险人数、被保险人群失业率、失业者中可以获得失业金待遇的比例、平均每次获得待遇的期间长度、平均每单位时间每个失业者的失业金额等五项的乘积.

$$\begin{aligned}\text{失业保险金年支出} &= \text{被保险人数} \times \text{被保险人群年度失业率} \\ &\quad \times \text{失业者中可以获得失业金待遇的比例} \\ &\quad \times \text{一年内获得失业金的周数(或月数)} \\ &\quad \times \text{平均每周(或每月)失业金}\end{aligned} \tag{7.2}$$

国际上采取周工资制的国家，失业金的发放通常按周进行，而采取月工资制的国家，失业金通常按月发放. 为了方便，以下的周期统一以周计量.

在式(7.2)中，被保险人数决定于失业保险法律法规以及相关条例的规定. 国际劳工组织 168 号条例指出，要保证至少 85%的受雇人员受到失业保险的保护，其中不包括个体和自营职业者. 由于个体和自营职业者的就业形式灵活，工作时间、收入分布等变动性较大，条例规定对这类就业人群以及正在寻找就业机会的人群给予特别的救助制度. 另外，依据国际标准，失业者是指当前具有工作能力，并正在寻找工作但还没有工作的人. 包括临时性的失业以及正在寻找工作的人，只要他们具有工作能力，又尚未工作，就应该被归为失业者. 但这个定义下的失业者与失业金领取者并不完全一致. 比如，无故离职的人或因工作失职而被解雇的人在一段时间内一般是不允许领取失业金的，即使他们在那段时间也在寻找工作. 相反，有些时候一些并没有寻找工作的人也可能有机会领到失业金. 例如，某时某地可能缺少就业机会，没有工作的人并不寻找工作，但可以得到失业金. 这类人虽然不会被相关机构统计为失业人口，但他们却是合法的失业金领取者. 因此，对于官方公布的统计数据，应该根据实际情况在精算评估时作适当的修正和调整.

关于被保险人群失业率，一般统计数据只提供所有就业人群的失业率，因此需要进行推算.

$$年失业总人次 = 总失业概率 \times 年就业人数 \tag{7.3}$$

$$年失业总人次 \times 年平均每次失业持续周数 = 年内失业总周数 \tag{7.4}$$

$$年失业总周数 = 失业率 \times 年平均每周劳动力 \times 52 \tag{7.5}$$

$$年劳动力 \times 平均工作周数 = 年平均每周劳动力 \times 52 \tag{7.6}$$

$$\begin{aligned}被保险人群失业数 &\approx 总失业数\\ &= 失业率 \times (平均工作周数/年内平均每次失业持续周数)\end{aligned} \tag{7.7}$$

失业者中可以获得失业金待遇的比例，是指被保险的失业者中有权领取失业金的人所占的比例. 通常相应的法规和条例对领取失业金的资格条件有所规定,如失业前的工作时间长度、失业前的工资水平等. 原则上，为了实现失业保险计划的目标，应该基本保证大部分非自愿失业的人有权领取失业金. 但也应该避免人们找工作只是为了获得失业金的情况. 值得注意的是，失业者中可以获得失业金待遇的比例这一指标应该以失业者为计算总体，应该考虑到失业者在过去就业期间相对较低的劳动收入和相对较少的就业机会. 在精算评估中，为了在预测时留有一定的风险附加，也以整个保险群体作为参考，得出的估计结果作为预测的上限.

一年内获得失业金的周数，受领取失业金的等待期、失业期长短以及失业保险覆盖时期等的影响，通常失业保险相关法规条款会对等待期和失业保险覆盖期作出相关规定. 从开始失业到开始领取失业金的这段期间称为等待期，等待期最短通常为 1 周. 国际劳工组织 168 号协定推荐的等待期为 7~10 天，对于季节性工人可以适当延长. 规定等待期，可以降低保险成本，让失业者自己承担一定的风险，同时也可以避免支付大量的小额失业金，相应地也减少了由此产生的管理费用. 规定等待期还为相关管理部门提供了登记和查验时间，为进行有效的失业状况核实和调查提供了时间准备，否则可能很难判断是真正失业还是偶尔的短期离职. 过了等待期，领取失业金的期间长短就取决于一个人失业状况的长短以及法律规定的失业金最长领取期限. 这个最长领取期限经常会与曾经工作长度和(或)曾经的收入水平相联系，也有可能与宏观经济情况相联系. 在失业率较高时，最长领取期限相应增加，在失业率较低时，最长领取期限会减少. 在精算评估中，对不同失业群体失业期间分布的分析，有助于预测未来失业金的分布. 最长领取期也可能是在一年之内的一段期间,如一年 52 周内最多可以领取 26 周，这类规定的目的是为了鼓励失业者在获得失业金的同时仍然继续努力地寻找工作机会. 国际劳工组织 168 号协定要求，在一次失业中，最长领取期至少为 26 周，或者在 24 个月内至少为 39 周.

平均每周失业金也称平均周失业金率. 通常规定为最近平均工资的一个比例.

国际劳工组织 168 号协定规定这个比例至少为 50%. 关于平均工资, 应该考虑到社会平均工资和失业者过去就业期间的平均工资的差异, 通常低学历、低技术、更年轻的劳动者的失业比率更高, 他们的工资也更低. 因此如果能够分类计算不同类别职业人群失业比例和平均劳动收入, 则可以更好的体现这些差异. 值得注意的是, 在经济周期的不同阶段, 失业人员的组成结构可能是不同的. 经济衰退初期可能会首先导致低收入者的大量失业, 主要发生在较低收入的部门或是较低职位的人群中, 但随后可能引发较高工资人群的失业, 这时平均周失业金率会相对升高, 经济波动的特点不同, 导致的失业人群分布和时间分布也不同, 从而会影响失业金支出的分布.

在我国, 依据失业保险制度的具体规定, 可以适当调整上面给出的失业保险金支出公式. 我国的失业保险基金不仅包括失业保险金, 还包括医疗补助金、丧葬补助金、抚恤金以及职业培训补贴金等项, 失业保险基金年度支出是上述各项年度支出的总和. 失业保险金是失业保险基金的主要支出项目, 它决定于领取失业保险金的人数、平均失业保险金水平和平均领取期限. 失业保险金领取人数由被保失业率和被保险人数决定, 被保失业率是有权利领取失业保险金的人数在失业保险覆盖的经济活动人口中的比重. 考虑到一些失业者不满足失业保险金的领取条件, 如超出规定的领取期限、缴费时期不够规定的最低领取条件等, 因此, 被保失业率低于失业保险覆盖下的失业率. 被保失业率等于失业保险覆盖下的失业率乘以失业保险金的领取比例, 即有权利领取失业保险的人数在全部保险覆盖下失业人数的比例. 保险覆盖下的失业率与失业率不同, 当失业率在所有劳动年龄经济活动人口中均匀分布时, 两者是相等的. 但实际上, 不同职业、不同行业、不同地区的失业率存在较大差异, 目前, 我国失业保险的覆盖范围主要是城镇国有和集体企业, 他们的失业风险相对较小, 而没有覆盖在失业保险下的私营企业、个体企业的职工, 在市场经济下面临的失业风险更大, 失业率更高, 因此, 保险覆盖下的失业率通常低于失业率. 在假设失业率等于保险覆盖失业率下, 根据失业率、劳动适龄从业人口、失业保险金人均年支付额以及失业保险金平均支付时期等预测数据, 可以估计出未来失业保险金的年支出额.

$$\begin{aligned}\text{年度失业保险金支出额} = {} & \text{劳动适龄从业人口} \times \frac{\text{失业率}}{1-\text{失业率}} \times \text{失业保险覆盖率} \\ & \times \text{领取比例} \times \text{失业保险金人均年支付额} \\ & \times \text{平均支付时期} \end{aligned} \tag{7.8}$$

其中, 劳动适龄从业人口可以根据对人口、人口结构、劳动力参加率等的预测结果作出估计. 失业保险覆盖率可以根据失业保险条例的规定和过去实际实施情况作出估计. 失业保险金领取比例可以根据经验数据得出. 失业保险金人均年支出额根据地区失业保险金水平确定, 我国失业保险金的标准在地区城市居民最低生活保障水平和最低工资标准之间, 具体标准由省、自治区、直辖市人民政府规定. 通常根据失业保险金的替代率水平, 在假设的社会平均工资增长率下估计失业保险金水平. 我国失业保险金的水平较低, 据估计, 在 20 世纪 90 年代初, 我国失业保险金仅占全国职工人均工资的 35%. 为保障失业人员及其抚养家属的基本生活, 保证失业者的保险权利, 我国应适当提高失业保险金水平. 失业保险金的平均支付时期由失业保险条例规定的最低和最高领取期决定, 我国失业保险金的领取期限为 1~2 年, 根据过去的经验数据, 可以估计出平均领取时期. 失业率的预测需要参考过去的经验数据, 并根据经济发展对劳动力供需总量及其结构的影响以及国际国内经济形势的变化对劳动力市场的影响作出估计. 与养老保险中的死亡率和医疗保险中的疾病发生率类似, 失业率是影响失业保险成本的主要风险因素, 失业率越高, 失业成本越高. 为了应付未来我国经济结构的变化以及国际经济形势变化带来的失业风险, 保证充足的失业保险基金, 失业率预测应采取保守原则, 即在各种可能结果中取失业率水平较高者, 以此为基础计算的失业保险成本必然较高, 相应为满足较高的失业保险成本需要的缴费和政府拨款必然增加. 这样, 才能建立必要的风险准备金, 应付可能的高失业率带来的社会问题.

领取失业保险金期间的医疗补助金根据对失业人员的疾病发生率和平均费用水平, 并参考过去的经验数据进行估计, 医疗费用的估计方法参见前面对医疗保险的讨论, 这里不再赘述. 领取失业保险金期间死亡的失业人员的丧葬补助金和其供养的配偶、直系亲属的抚恤金, 根据失业人员死亡率、规定的丧葬补助金水平和抚恤金水平确定. 领取失业保险金期间接受职业培训、职业介绍的补助金根据规定的补助标准确定. 国务院规定和批准的与失业保险有关的其他费用根据经验数据和有关政策限定作出估计.

失业保险年度收入与支出的差距, 形成当年失业保险基金增加值. 我国失业保险条例规定失业保险基金必须存入国家财政部门指定的国有商业银行和按照国家规定购买国债, 以城乡居民同期存款利率和国债利率计息. 年初失业保险基金加上当年收支差以及他们的利息, 形成下一年的失业保险基金.

$$\begin{aligned} t+1\text{ 年年初累积基金} = (&t\text{ 年年初累积基金} + t\text{ 年内失业保险费收入} \\ &+ t\text{ 年财政拨付基金}+\text{其他资金}-\text{失业保险各项支出}) \\ &\times (1 + \text{年利率}) \end{aligned} \tag{7.9}$$

以年初累积基金与下年度预计支出比较, 可以看出累积基金满足下一年支出的程度.

7.4 生育保险制度

生育保险是为女职工因生育子女所需的医疗保健费用以及因生育暂时中断工

作期间的生活来源提供保障的保险形式. 生育保险制度是国家关于生育保险的有关法律、法规、政策、措施的总称. 在人类社会发展中, 女性既是人口再生产的载体, 又是物质财富的创造者, 在女性因生育子女暂时中断工作期间, 为其提供生活保障和必要的医疗待遇已成为社会保障的重要组成部分. 早在 1919 年, 第一届国际劳工大会就通过了《生育保护公约》, 以后, 各国普遍把生育保险作为社会保障的重要组成部分.

很多国家的生育保险制度广泛覆盖所有的育龄妇女, 在鼓励生育的国家, 生育和儿童保护更是社会福利的重要内容. 许多国家的生育保险与医疗保险合并在一起, 由企业和个人共同缴费形成保险基金, 保险待遇通常包括产假、产假期间的生活津贴、生育一次性津贴、医疗保健和儿童津贴等项目. 随着医疗保险的发展, 个人和社会保险或商业保险共保, 即由保险机构和个人共担医疗费用已成为发展的趋势.

我国的生育保险制度建立于 20 世纪 50 年代初期, 生育保险最早的法律文件包含在 1951 年颁布的《中华人民共和国劳动保险条例》和 1953 年颁布的《劳动保险实施细则》中, 这两个条例具体规定了生育保险的实施范围和待遇标准. 1988 年, 国务院颁布了《女职工劳动保护规定》, 扩大了生育保险的法定范围, 统一了机关事业单位和企业的生育保险制度, 提高了有薪产假期. 把生育保险的覆盖范围扩大到境内一切国家机关、人民团体、企业、事业单位的女职工, 有薪产假从过去的 56 天提高到 90 天, 这对保护女职工的权利、规范企业生育保险标准具有重要意义. 但生育保险的社会化程度较低, 仍然由企业承担女职工生育期间的各项费用, 使不同性别分布的企业在生育费用上的负担不均衡, 企业不能平等地竞争, 最终制约了社会生产力的发展. 而且, 当企业效益差或破产时, 女职工的合法权益也难以得到保障; 同时, 企业为降低成本, 也可能拒聘女职工, 引起社会问题. 1994 年, 劳动部颁布了《企业职工生育保险试行办法》(劳部发[1994]504 号), 对生育保险制度试行改革. 《试行办法》规定生育保险费用实行社会统筹, 按属地原则建立生育保险基金, 由劳动部门所属的社会保险经办机构负责收缴、支付和管理. 生育保险按照以支定收、收支平衡的原则筹集资金, 由企业按照其工资总额的一定比例向社会保险经办机构缴纳生育保险费, 建立生育保险基金. 生育保险费的提取比例由当地人民政府根据计划内生育人数和生育津贴、生育医疗费等项费用确定, 并可根据费用支出情况适时调整, 但最高不超过工资总额的 1%. 办法规定的有薪产假期间为 90 天, 产假期间的津贴水平通常为职工本人过去的工资水平, 也有的地区按地区平均月工资水平发放或职工所在企业平均工资水平发放. 在试行办法下, 各地区实际执行的缴费比例、生活费用和医疗费用补贴标准存在一定差异.

2009 年, 我国生育保险参保人数达到 10876 万人, 约占全国育龄妇女人数的 40%, 享受生育保险待遇的人数为 174 万人, 占当年生育妇女人数的 10.8%, 生育保险基金收入约为 132 亿, 支出约为 88 亿, 基金累计结余约 212 亿元, 可见, 我国生育保险的覆盖面和待遇享受面都很低，占生育妇女总数 80%以上的农村妇女并没有覆盖在制度下. 而各个地区受经济发展水平的影响，覆盖面、待遇水平、基金规模和准备金的水平等存在很大差异.

7.5　生育保险基金精算评估

生育保险的融资一般采用现收现付制，保费水平依据支出水平确定. 如果将管理费用列入支出部分，当年的保费收入至少要满足当年的保险金支出以及管理费用支出. 其中保险金支出既包括孕产期间的医疗费用，又包括生育休假期间的生活费，它们受医疗成本变动、保险覆盖人口、育龄妇女年龄结构及其生育模式、生活成本变动等因素的影响，因而生育保险金支出可能在一定期间内发生波动，为了应付波动对生育保险基金收支的影响，通常会预先积累一定的准备金，用于应付费用升高或收入降低等带来的收支缺口.

准备金率的计算应该以历史数据为依据，同时考虑影响未来收支各因素的变动及其对收支产生的影响，确定相应的准备金率水平. 同时也应充分考虑到生育保险计划在应对不利经济环境时的调整能力，特别是调整费率所需的时间长短. 如果政治和立法环境允许在不利经济条件下相对快速地调整相关的法律法规来提高费率，那么，准备金率可以相对较低，比如，只留能够维持几个月开支的准备. 如果费率调整需要经过精算师每三年一次的精算评估后才能调整，这时准备金率就应该相对高些，至少应该能够维持一年或一年以上的开支. 一般情况下，由于生育保险是保险期间在一年以内的短期保险，其保险金支出的变动比较稳定，发生意外波动的可能性较小，所需的准备金数额也不大.

对生育保险收支的预测，需要获得关于生育保险的覆盖范围、支付条件、等待期、给付方式，给付金标准，给付时间长度等数据和相关信息，以及政策法规规定的生育保险与失业保险、医疗保险的协调和统一等相关规定. 有时，生育保险的定期生活费用及其他相关补贴，允许支付给父母中的任意一方，也允许父母双方分享，但支付给父亲的给付期间可能与支付给母亲的给付期间长度不同，给付金标准也不同，双方分享的比例和数额也可能变动等. 有些国家，生育保险计划还覆盖到一些特殊领养的人群.

生育保险基金收支所需的基础数据包括：

(1) 生育保险基金分项收入和分项支出的历史数据；

(2) 新增待遇领取人群的性别年龄结构；

(3) 不同性别年龄平均支付期分布；

(4) 被保险人中的女性所占比例；

(5) 被保险人中平均每个女性的生育次数的历史数据；

(6) 分年龄新增待遇领取人数；

(7) 分年龄平均给付期间;

(8) 男女平均工资比;

(9) 每个支付的起始和结束日期.

与其他社会保险项目比较, 生育保险承保的风险是妇女生育期间因康复和照料婴儿所需的休假期间工资的损失, 以及因生育所需的医疗费用. 在我国计划生育政策下, 城镇女性职工一般只能生育一个孩子, 生育年龄比较集中, 因而, 在一定的津贴标准和生育医疗费用规定下, 很容易估计出一定时期内的生育保险金的支出, 根据以支定收, 收支基本平衡的筹资原则, 可以估计出时期缴费率. 但是, 一般情况下, 生育保险制度会预先规定缴费率和对缴费率进行调整的条件. 比如, 我国的生育保险制度规定单位为职工的缴费率是工资总额的 1%. 预先规定的缴费率是精算工作人员依照对生育保险未来收支的测算, 在收支平衡并考虑一定风险准备的基础上确定的. 通常按照在一定时期内长期平衡模型及预期的期末准备金数额, 确定长期内稳定的缴费率.

生育保险费的收入由职工人数、生育保险的覆盖率、职工平均工资和规定的缴费率决定.

$$\text{生育保险费年度收入} = \text{职工人数} \times \text{生育保险覆盖率} \times \text{职工平均工资} \times \text{缴费率} \tag{7.10}$$

生育保险支出主要有医疗费用和生育补贴两部分, 他们决定于职工人数、女性职工比例、女性职工的年龄结构、分年龄生育率、人均生育医疗费用和人均工资水平.

$$\begin{aligned}\text{年度医疗费用支出} &= \text{职工人数} \times \text{女职工比例} \times \text{女职工生育率} \times \text{人均医疗费用}\\ &= \text{人均医疗费用} \times \sum(\text{职工人数} \times \text{女职工比例}\\ &\quad \times \text{女职工分年龄生育率} \times \text{女职工年龄结构})\end{aligned} \tag{7.11}$$

$$\begin{aligned}\text{年度生育津贴支出} &= \text{职工人数} \times \text{女职工比例} \times \text{女职工生育率}\\ &\quad \times \text{生育津贴平均支付月数} \times \text{社会月平均工资}\\ &\quad \times \text{生育津贴在社会月平均工资中的比例}\end{aligned} \tag{7.12}$$

$$\text{生育保险年度支出} = \text{医疗费用支出} + \text{生育补贴支出} \tag{7.13}$$

从上式也可以看出, 女职工比例和育龄高峰期女职工比例是决定生育保险费支出的重要因素.

值得注意的是, 在上述测算中, 生育率数据往往直接来自全部育龄妇女生育率, 但参保的育龄妇女生育率往往低于全部育龄妇女生育率, 在测算中需要进行适当的调整. 另外, 对于不同人群, 生育津贴的支付月数可能不同. 我国现行制度规定, 妊娠不满 12 周流产的, 津贴支付 15 天; 妊娠 12~16 周流产的, 津贴支付 30 天; 妊娠 16~28 周流产的, 津贴支付 42 天; 妊娠 28 周以上流产的, 支付 90 天的津贴. 对于难产生育的津贴支付天数为 105 天等. 对于生育待遇可以选择发给父母任何一方或由双方分享的生育保险, 需要根据经验数据对分布进行估计.

第 8 章　社会保险精算报告制度

精算评估的结果需要用精算报告的方式表述、上报和披露. 从国际经验看, 定期的社会保险精算评估结果需要按规定的程序, 以精算报告的方式呈报中央政府或政府主管部门, 或者同时以简报或完整报告的方式向公众披露. 对于为特别目的进行的专项精算评估, 通常也以精算报告的方式呈报报告使用方及政府相关部门. 关于精算报告的内容和规范, 国际精算师协会和国际劳工组织分别给出了有关的实务指引, 不同国家依据各自的原则和经验, 也有不同的具体表现.

8.1　国 际 经 验

在社会保障制度比较发达的国家, 大多数都建立了社会保障精算报告制度. 这里以美国、英国、日本和澳大利亚为例, 研究这些国家在建立社会保险精算评估和精算报告制度方面的经验.

8.1.1　美国

美国社会保障署设有专门机构负责社会保障精算工作. 在财政部、健康服务资金管理部、公共健康服务部、退休军人管理部、铁路退休工人管理局等政府机构和部门也有专门的精算师负责相应的精算工作. 在州政府保险局下也有相应的精算机构和精算人员.

1935 年美国颁布了社会保障法案. 1939 年建立了社会保障信托基金理事会. 随后, 社会保障精算报告制度在社会保障法案下迅速建立起来. 1940 年信托理事会向国会递交了第一份关于社会保障基金的精算报告, 2010 年发布的报告是第 71 次报告.

美国社会保障法案的颁布实施, 以及法案中对社会保障信托基金及信托基金财务和精算报告的具体规定, 为社会保障精算报告制度的建立和发展奠定了法律基础. 在社会保障法案下, 社会保障信托基金理事会每年需要向国会提交关于社会保障信托基金财务和精算状况的报告, 以定期评估社会保险基金在短期和未来长期内的财务运行状况. 社会保障信托基金理事会由财政部部长、劳工部部长、健康部部长、社会保障署署长以及另外两名通过参议院并由总统任命的、代表公众利益的成员组成.

社会保障信托基金理事会每年向国会提交的信托基金财务和精算报告是由社会保障署下属的精算部(The Office of the Chief Actuary)完成的. 精算部的主要责

任包括：

(1) 对各项社会保障项目作出定期的精算评估和分析；

(2) 对社会保障项目的未来财务状况作出预测；

(3) 对社会保障信托基金进行精算评估；

(4) 开展社会保障精算相关的研究；

(5) 为社会保障署、信托基金以及国会提出的相关问题提供精算意见等.

社会保障署的精算部下设短期精算评估和长期精算评估两个处. 短期精算评估处又有基金预测、数据服务、特殊给付评估、附加收入保障计划评估等四个室. 主要负责对社会保障项目在未来 10 年内的成本作出评估，对信托基金在未来 10 年内的运作状况作出预测，同时也提供有关数据收集和统计分析的支持.

长期精算评估处下设基金预测、人口和法律、收入估计和经济分析三个室，主要负责对社会保障项目在未来 75 年的收支状况作出精算评估，为政策制定者和国会提供权威的咨询意见.

精算报告在不同的评估目的下有不同的格式和内容，以每年一次的社会保障信托基金精算报告为例，该报告包括摘要和正文两部分，正文包括以下几方面的内容：

(1) 信托基金财务运营状况和上年度社会保障法律的变动. 包括老年和遗属基金收支状况、伤残保险基金收支状况、社会保障管理费用收支状况等.

(2) 短期精算评估. 包括未来 10 年内老年和遗属基金短期收支和基金率、伤残保险基金收支和基金率、社会保障管理费用收支状况、未来 10 年基金率的变动.

(3) 长期精算评估. 包括未来75年内年度收入率、年度成本率、年度收支平衡、信托基金率、长期综合收入率、长期综合成本率、长期综合收支平衡、社会保障未备基金负债、长期封闭精算平衡检验、精算平衡变动的原因等.

(4) 假设和方法. 包括对人口、经济和制度三方面假设和评估方法的说明. 人口假设和方法包括对生育率、死亡率、迁移率等假设的设定以及对人口和人口余寿的估计方法的说明；经济假设和方法包括对劳动生产率、价格和通货膨胀、平均收入、实际工资、就业和失业、国内生产总值、利息率等的假设. 制度假设包括待遇调整、覆盖面、应税收入、缴费人数、待遇领取人数、平均待遇、待遇支付、管理费用、待遇征税等方面的假设.

附录的内容包括：

(1) 对历年社会保障基金运营状况的说明.

(2) 历年基金的精算平衡状况.

(3) 评估年基金收支状况和未来 10 年的收支预测.

(4) 长期敏感性分析. 包括生育率、死亡率、迁移率、实际工资变动、消费价格指数、伤残率、伤残中止率等因素的变动对结果影响的分析.

(5) 随机预测. 用随机模拟方法估计精算评估中的不确定因素对未来财务收支结果的影响. 这些不确定性因素包括生育率、死亡率、迁入和迁出人口、消费价格指数、平均实际工资、失业率、信托基金回报率、伤残发生率、伤残恢复率等.

(6) 未来 75 年内老年、遗属、伤残保险分项目和综合的收支估计结果. 包括绝对收支数额, 相对工资的比例, 以及相对 GDP 的比例.

(7) 附录还包括精算报告中的术语表、附表、附图、索引、精算报告陈述和签字等内容.

8.1.2　英国

英国的社会保障精算工作由政府精算署(Government Actuary's Department)承担. 政府精算署是一个附属于财政部的、能够提供独立的精算咨询服务的事业机构, 它既是政府部门, 也提供有偿的咨询服务, 既对国内的社会保障项目提供精算评估, 也对国内公共部门和私人部门的职业养老金提供精算服务, 同时还对国外的各类保险项目提供有偿的精算服务.

1908 年英国颁布了养老金法案, 1911 年颁布了国家保险法案, 1912 年, 国家健康保险联合委员会任命了第一任首席精算师阿尔弗雷德 · 沃森, 随后更多的政府部门要求首席精算师提供相关的精算意见, 从而在 1917 年, 为适应其逐渐拓宽的职责范围, 沃森被任命为政府精算师. 1919 年, 在财政部下成立了以政府精算师为首的政府精算署. 1920 年提交给国会的失业保险和健康保险改革方案都附有政府精算署提供的精算评估报告. 第二次世界大战后, 随着国家在养老金、社会保障和卫生保健方面职责的进一步加强, 政府精算署在社会保障和公共养老金方面的作用也得到进一步加强. 从 1989 年起, 政府精算署发展成为提供收费服务的精算咨询机构, 除了政府规定的人口预测和职业年金调查等项目外, 其他对政府部门和私人机构提供的精算服务都是有偿的. 目前, 政府精算署的客户已延伸到不少国家.

英国政府精算署的服务范围包括:

(1) 为政府提供有关社会保障项目管理方面的建议. 政府精算署每 5 年要向国会提交一份关于社会保障在未来 50 年或更长时期内财务状况的长期精算报告, 包括人口结构变动产生的未来财务影响、支付待遇所需缴费率的变动、精算假设变动的影响等.

(2) 向国会提供关于社会保障政策变动对社会保障基金财务影响的报告, 特别是当社会保障待遇或缴费变动时, 政府精算署需要为部长准备一份提交国会的短期精算报告, 反映提高待遇或改变缴费对成本产生的影响.

(3) 为公共部门的职业养老金提供精算建议.

(4) 帮助相关政府部门回答国会关于社会保障财务状况的问题.

(5) 为国外的政府部门和其他机构提供社会保障和职业养老金方面的精算

咨询.

社会保险精算报告的基本内容, 以英国政府精算署 2006 年 1 月通过国务卿提交国会的关于“2006 年社会保障待遇提高及社会保障缴费和国民保险基金支付能力的报告”为例, 报告的正文内容简要说明评估的目的和依据、评估的背景、评估方法和精算假设、基金收支等主要结论、主要变量变动的影响效果以及精算评估结论等. 在附录中, 列出了有关评估基础、评估方法和假设、评估结果等的详细数据和说明.

8.1.3　日本

日本的厚生劳动部负责包括养老、医疗、失业、伤残等项目的社会保险事务. 大约有 100 名统计和精算人员为政府提供精算建议. 对于社会养老保险, 在厚生劳动部的养老金局下设有精算事务处, 有 10 名精算师在精算处工作, 主要负责对雇员养老保险和国民养老保险在当前和未来的财务状况进行预测和分析; 为政府养老保险制度的改革提供精算意见; 同时按照法律的要求, 至少每 5 年公布一次关于养老保险财务运行状况的精算报告.

1942 年, 日本建立了雇员养老保险, 并引入了精算制度. 1948 年, 在厚生部保险局下成立了精算处. 1961 年, 随着国民养老保险的建立, 原保险局被拆分为健康保险局和养老金局, 原精算处被拆分为健康保险局下的精算研究处和养老金局下的精算处.

20 世纪 60 年代, 精算处对日本职业年金的建立和发展产生过重要的影响. 到 80 年代末, 随着职业年金规模的逐步扩大, 职业年金的精算和风险监管需要由更多的精算师承担, 从而在 1988 年, 制定了注册养老金精算师制度, 提交给厚生部的精算报告由注册养老金精算师负责审查核对. 精算处则负责为符合条件的精算师进行注册.

8.1.4　澳大利亚

与英国类似, 澳大利亚的社会保障精算工作由附属于财政部的政府精算署负责, 除了为政府社会保障提供相关的精算服务外, 政府精算署还为国内其他公共部门及海外的委托人提供与政策相关的有偿精算咨询服务, 特别是提供风险评估和政策选择方面的技术支持. 其工作人员一般都有风险管理与精算学的专业背景. 目前, 该机构的服务对象和服务范围不断扩大, 已发展成为独立的提供精算服务的机构.

8.1.5　国际组织的相关建议

从 20 世纪 40 年代起, 国际劳工组织就开始对其会员国提供零散的社会保障精算服务. 到 70 年代, 这种精算服务逐步正式化. 进入 90 年代, 在国际劳工部的财务、精算和统计分部下成立了国际财务和精算服务组(ILO FACTS), 为各国社会保障的发展提供非营利性的精算咨询服务. 目前已经为世界上 70 多个国家的社会保障机构和政府提供了这类服务. 为了推进社会保障精算实务在各国的发展, 国际劳工组织也研究和发布社会保障和养老金方面的指导性意见.

国际劳工组织认为社会保障精算报告应该包括 5 个方面的基本内容:

(1) 简介.

(2) 经济、人口和法律背景.

(3) 社会保障当前的基本状况, 具体包括法律规定的缴费和待遇水平、实际的缴费和待遇水平、社会保障财务收支和结余状况等.

(4) 精算评估和预测, 包括精算方法介绍、数据和精算假设、长期预测结果以及精算假设对预测结果的敏感性分析、改革方案和法规条款变动评估等.

(5) 结论和建议.

国际劳工组织建议的精算报告的内容见附录 1.

国际精算学会的社会保障委员会也发布了若干社会保障精算实务标准和精算报告制度的范本. 社会保障精算报告包括 7 个方面的内容:

(1) 概要. 包括报告目的、具体评估项目描述、精算假设、精算评估的主要结果、主要结论等.

(2) 导言. 包括评估的对象、评估项目、报告目的、基础数据、方法和假设、评估时期等.

(3) 对社会保障项目的说明. 包括覆盖范围、筹资、待遇等.

(4) 数据.

(5) 假设.

(6) 方法.

(7) 结论.

国际精算学会建议的精算报告内容见附录 2.

8.1.6 总结与评述

从前面对各个国家的分析可见, 不同国家社会保障精算报告制度的模式基本上可以分为三类: 第一类是由政府精算师负责精算评估和提交精算报告, 如英国和澳大利亚的政府精算师制度, 政府精算师作为社会保障精算机构的首席精算师对精算评估和精算报告负有专业责任. 第二类是由社会保障部门内部的精算师负责, 在社会保障部门内部建立专门的精算机构, 如美国、日本等, 由精算部门的总精算师负责签署定期的精算评估意见和提交定期的精算报告. 首席精算师的职责与政府精算师类似. 第三类是由外部的专业精算机构承担精算评估和精算报告工作, 并承担相应的精算责任. 如英国政府精算署和国际劳工组织作为外部机构, 曾经为国际上不少国家提供社会保险精算服务，提供相应的精算评估报告.

各国社会保障精算制度的发展程度，主要与各国社会保障制度的管理运作模式及法律法规制度背景密切相关，也与精算制度和精算师职业在各国的发展程度相关. 英国是精算师和精算师制度的发源地，1775 年，英国的公平人寿最早将精算师引入保险领域，1848 年，英国在世界上最早成立了精算师学会. 随着英国社会保障制度的建立和完善，特别是在 1908 年颁布了养老金法案和 1911 年颁布了国家保险法案后，精算制度迅速在社会保障领域建立起来. 1919 年，英国在世界上最早建立了政府精算署，专门负责社会保障和公共养老金的精算评估，随着社会保障精算制度的发展，逐步发展成为能够提供中立精算意见的独立政府精算机构. 美国在 1889 年成立了寿险精算学会，比英国落后 40 多年，同时美国也是西方主要工业国家中最后一个实施社会保险立法的国家，1935 年社会保障法案才获得通过，从而在 1940 年才正式建立了社会保障精算报告制度. 澳大利亚的政治经济制度受英国的影响较大，在社会保障精算制度的建设上也基本与英国类似，其社会保障的精算评估和精算报告也由相对独立的政府精算署完成. 由于澳大利亚的社会保障程度并不高，其政府养老金只针对能够通过收入和财产审查的人群，也不通过缴费或专项税收融资，从而社会保障精算制度并不如英国的严格和完备. 亚洲国家的社会保障精算制度也与其社会保障立法和精算师制度的建设密切相关. 日本在 1899 年建立了精算学会，1942 年在建立雇员养老保险的同时引入了精算制度，随着 1954 年雇员养老保险法案和 1959 年全国养老金法案的颁布，社会保障精算机构和精算制度才迅速建立起来.

可见，社会保障精算制度的建设与社会保障制度以及精算制度的建设密切相关. 精算技术最早只在人寿保险和养老金计划中发挥作用，由于精算技术在风险管理领域，特别是在对未来财务评估方面的独特优势，其应用领域才逐步扩大到非寿险、健康保险、社会保障、银行、公司财务和金融工程中. 精算技术在社会保障中的应用极大地加强了社会保障的财务安全性和稳健性.

8.2　社会保险精算报告的一般内容

社会保险精算报告一般可以分为对特定政策的评估报告、定期的精算评估报告、社会保险基金运营风险评估报告等几种. 特定政策评估报告是对特定政策未来财务影响的精算评价，帮助决策者制定政策. 定期精算评估报告，通过预测未来若干年的社会保险基金收支状况，评估制度的财务安全性、以及缴费和待遇的合理性. 社会保险基金运营风险评估报告，通过对社会保险基金未来运营过程中可能发生的不确定因素或面临的各种风险，如筹资不足、人口波动、利率变化、通货膨胀、投资风险等进行评估，确保社会保险计划建立在稳定的财务基础上.

我国的社会保险包括社会养老保险、医疗保险、失业保险、工伤保险、生育保险等项目. 从而, 社会保险精算报告应该包括社会保险精算总报告和 5 个分项目报告. 也可以分别建立独立的养老保险精算报告和医疗保险精算报告等; 根据评估时期长短, 可以分为长期精算评估和短期精算评估, 短期评估注重对未来 3~5 年内财务状况的评估, 长期评估注重对未来 50 年以上财务趋势的预测和分析; 根据不同的评估目的, 可以针对特定政策的财务影响进行专门的评估并完成和上报精算报告, 也可以针对社会保险基金运营风险进行专门的精算评估并完成相应的精算评估报告等.

社会保险精算报告通常应该包括对评估目的的说明, 对评估时评估项目当前基本状况的说明, 对上次评估结论及到本次评估发生的变动的说明, 对本次评估所用的方法、数据和精算假设的说明, 评估的结果以及未来可能变动对评估结果产生的影响的分析, 最后还需要给出本次评估的结论及相关建议等. 对于连续评估的计划, 还需要在报告中分析上次评估和本次评估的差异, 以及差异的原因等, 最后给出评估建议, 并由精算责任人对报告的质量作出陈述.

8.2.1　评估目的

精算评估首先需要明确评估的目的. 社会保障精算评估的目的基本上可以归纳为以下几种: 第一, 对新制度的评估. 对新建立的制度, 评估制度能够提供的给付能力, 或者在一定的待遇目标下, 评估制度必须具备的经济资源. 第二, 对正在运行制度的定期评估. 对正在运行的制度, 定期的精算评估提供制度运行的基本财务状况和发展趋势, 为政策制定者和基金监管者提供依据. 第三, 对改革方案进行评估. 对实施改革的社会保障制度, 精算评估可以提供不同改革方案对制度财务短期和长期影响的分析结果, 使改革建立在长期稳健发展的财务基础上. 第四, 制度短期收支预测. 在制订社会保障年度收入和年度支出预算时, 需要通过短期精算评估提供关于年度缴费、投资收入、待遇、费用等方面的数据. 第五, 特别项目精算支持. 对政府或其他相关部门提出的特别项目进行评估. 例如, 对制度待遇调整或修改准备金要求时开展的精算评估; 向政府相关部门提供关于社会保障状况的数据, 用于公开发布等.

不同的评估目的, 要求有不同的评估日期和评估时期长度与之对应. 例如, 根据需要, 短期收支预测通常需要对未来 2~3 年或者未来 5~10 年的年度收支情况进行预测, 长期收支预测需要对未来 50 年以上时期的收支变动趋势进行预测. 改革方案评估需要评估改革在未来短期内和长期内对各级政府、企事业单位和个人产生的影响, 对收入再分配的影响, 对促进社会公平的影响等.

评估目的也决定了评估的范围, 也就是对哪些项目或计划进行评估, 或者对哪些影响因素进行分析等. 例如, 评估目的是对退休年龄提高产生的财务影响的分析, 评估的具体范围就是退休年龄这个因素对制度收支的影响.

8.2.2　现行制度的基本状况

为了使精算报告的使用者更好的理解报告所提供的信息，在报告中需要对所评估项目基本状况进行基本描述和简要说明. 一般需要包括对以下项目的说明：

(1) 现行制度的覆盖人口、缴费水平和待遇水平.

(2) 过去几年社会保险基金的年度收支、基金结余或缺口等.

(3) 过去社会保险基金的累计结余和缺口.

(4) 当前社会保险所处的社会经济和人口背景，包括国家宏观经济状况、财政税收状况、利率水平、人口发展趋势、社会保障政策等.

8.2.3　精算评估方法

在一定的评估目的下，依据收集到的数据和相关信息，进一步建立评估模型，或者对过去已有的评估模型进行必要的修订，构成精算评估的重要环节. 社会保障精算评估模型是分析计划在一系列不确定因素影响下未来可能财务结果的模型，这些不确定因素包括未来的人口和劳动力、参保人口、工资、缴费、待遇领取条件、待遇、通货膨胀、投资利率、制度改革等各因素的变动. 在建立评估模型时，需要考虑数据的支持能力和计算机的运算能力.

8.2.4　数据说明

对于评估所用的基础数据，需要对本次评估所采用的数据来源和数据质量进行说明，如果实际数据不能直接满足评估的需要，需要对某些数据进行统计处理，如对某些缺失数据进行技术处理等，这些都需要在精算报告中给出必要说明.

8.2.5　精算假设

精算假设应根据过去若干年的经验数据和对未来的判断作出. 例如，工资增长率假设，需要根据过去若干年工资增长变动的趋势，考虑到未来 10 年工资改革的相关政策来设定. 利息率假设，需要依据过去投资组合及利率波动，考虑未来 10 年社会保险基金投资政策和市场的可能变动情况作出. 人口方面的精算假设需要根据评估地区人口、社会保险覆盖面、以及当地社会保险在未来 10 年的变动等作出.

在精算评估报告中，需要对精算假设的种类和设置依据进行说明. 精算报告应该说明假设的细节和假设的设置理由，如果是其他人作出的假设，应该披露来源和原因. 如果假设基于判断或过去的经验，报告应该表述假设的基础；如果假设不同于当前的趋势，应该说明假设变动的趋势；如果假设数据来源于外部，应该说明选择他们的理由；如果其他因素影响假设的变动也应该有所说明.

为了使精算报告的结构更为合理，突出精算评估的结果，在精算报告的正文只简要说明评估方法、数据和精算假设，详细的数据要用附件的方式附在报告后面.

8.2.6 评估结果

对评估结果的表述是精算报告的重点和核心，在前面对精算评估作了铺垫性说明的基础上，应该重点陈述本次精算评估的结果，以及这些评估结果对精算假设变动的敏感性，也就是测算精算假设变动对评估结果的影响.

不同评估目的的精算报告会强调不同方面的结果，不同险种的精算报告，其结果的重点和表述方式也有所不同，一般来说，精算报告的结果部分应包括下面几个方面的内容：

(1) 预测期各年的参保人数、待遇领取人数、制度内抚养比.

(2) 预测期各年的保费收入、投资收入、各项待遇支出数额.

(3) 预测期各年的缴费收入比率(缴费数额在缴费工资总额中的比例)、各项待遇支出比率(各项待遇支出数额在缴费工资中的比例)、年度精算平衡(年度收入比率 – 年度各项支出比率).

(4) 预测期评估项目(如养老保险、医疗保险等)基金的年度总收支、结余(或缺口)数额.

(5) 预测期各年的累积结余(或缺口)及其偿付能力.

精算评估报告正文用简要的表格列出主要的评估结果，并对表格中的数据进行简要说明，一些详细的评估和分析结果，用附件的形式附在精算报告的后面.

8.2.7 敏感性分析和随机模拟分析

在确定性模型下，输入基础数据和精算假设可以得到评估结果，而评估结果所依据的精算假设实际上建立在精算师在评估日对未来的判断上，这种预先的判断可能偏离将来的实际情况，如果将来发生了偏离假设的情况，评估结果就会偏离实际. 为了反映精算假设的变动对评估结果的影响，需要进行精算假设变动对评估结果影响的敏感性分析.

考虑到评估成本，敏感性分析一般对成本影响较大的因素进行，有时对确定假设时数据不充分的因素或者一些难以把握的因素进行. 例如，评估日可能面临经济环境不稳定，未来就业难以预测的情况，这时需要对劳动力就业水平这一因素进行敏感性分析.

敏感性分析的变量通常包括：生育率、死亡率、迁移率、经济增长率、就业率、价格增长、实际工资增长、实际投资回报率、退休实际年龄等. 通常把评估给出的假设水平作为居中假设或者最优估计假设，再根据对假设因素的研究，分别给出低于和高于居中假设的乐观假设和悲观假设，即假设未来发生了有利于和不利于未来财务状态的情况，分别将乐观假设和悲观假设代入模型，就可以得出在不同假设下的财务结果. 对比在乐观假设、居中假设、悲观假设下评估结果，也可以看出不同假设变动对结果的影响程度.

敏感性分析通常分别对单个假设进行分析，即在一次敏感性测试中，只变动其中的一个因素，其他因素保持原来的居中假设，测试结果表明所测试的这一因素变动对结果变动的影响. 考虑到精算假设之间的相互联系，有时也对一组假设变动的结果进行测试，这时，将评估中采用的假设设置为基础假设组或者称为基础情景，把基础假设组看成最可能发生的情景，在此基础上，考虑假设之间的相关影响关系，调整假设组中某些因素，做出乐观和悲观假设组，分别测试不同假设组下的财务结果. 由于假设组的设定需要考虑不同假设之间的相互联系，相对来说比单因素敏感性分析更为复杂，在实际中的运用不多.

随着随机模拟技术的发展，在社会保险精算管理中，也引入了随机模拟的方法. 理论上，进行随机模拟的不确定性因素与敏感性分析的因素相同，不同的是，敏感性分析建立在确定模型之上，随机模拟建立在随机模型之上. 敏感性分析将不确定因素在一定范围内取不同的确定值，代入确定型模型运算，得到不同取值对评估结果的影响，用于分析因不确定因素的可能变动对评估结果的影响. 随机模拟分析，在研究不确定性因素概率分布的基础上，运用随机模拟技术，常用的是蒙特卡罗模拟，分析不确定性因素变动对结果的影响，得出不确定因素对评估结果影响的概率置信区间. 简单地说，随机模拟可以在一定的概率分布下，运用计算机程序，模拟成百上千次不确定性因素取值对结果的影响，得出在一定的置信度下评估结果的估计区间. 随机模拟建立在对不确定因素概率分布基础之上，首先需要确定所要分析因素的概率分布，同时需要考虑不同因素之间可能存在的相关性，以及未来概率分布可能的变动，这使分析变得复杂起来，因此，通常只对少数几个变量进行随机模拟分析，并在敏感性分析的基础上辅助随机模拟分析.

8.2.8 结论和建议

评估报告中的结论是依据评估结果作出的，针对不同的评估目的，可能有不同的结论，如，现行制度将在何时出现财务赤字，待遇调整所需的缴费增加或财政支持，做实个人账户所需的财政补贴，政策调整对不同人群待遇的影响，政策调整对制度财务的影响等.

依据精算评估得出的结论，针对相应存在的问题，在精算报告的最后还要给出具体的精算建议，特别是对于特定政策的精算评估报告，建议部分应该特别强调.

参 考 文 献

蔡昉. 2003. 中国人口与劳动问题报告(2003)——转轨中的城市贫困问题. 北京：社会科学文献出版社.

查瑞传. 2004. 数理人口学. 北京：中国人民大学出版社.

陈佳贵，王延中. 2007. 中国社会保障发展报告. 北京：社会科学文献出版社.

陈滔. 2007. 健康保险精算：模型、方法和应用. 北京：中国统计出版社.

何立新. 2007. 中国城镇养老保险制度改革的收入分配效应. 经济研究，2007, (3).

何平. 2001. 中国养老保险基金测算报告. 社会保障制度，2001, (3).

黄占辉，王汉亮. 2006. 健康保险学. 北京：北京大学出版社.

李绍光. 2006. 深化社会保障改革的经济学分析. 北京：中国人民大学出版社.

宋晓梧. 2001. 中国社会保障体制改革与发展报告. 北京：中国人民大学出版社.

王晓军. 2000a 中国养老金制度及其精算评价. 北京：经济科学出版社.

王晓军. 2000b 社会保障精算原理. 北京：中国人民大学出版社.

王晓军. 2006. 广东省养老保险制度改革精算报告. 北京：经济科学出版社.

游允中，郑晓瑛. 2005. 中国人口的死亡和健康：20 世纪 80 年代以来人口死亡水平、类型、原因和发展趋势. 北京：北京大学出版社.

郑功成. 2002. 中国社会保障制度变迁与评估. 北京：中国人民大学出版社.

中国经济改革研究基金会，中国经济体制改革研究会联合专家组. 2006. 中国社会养老保险体制改革. 上海：上海远东出版社.

朱青. 2002. 养老金制度的经济分析与运作分析. 北京：中国人民大学出版社.

Bellis C, Shepherd J, Lyon R. 2003. Understanding Actuarial Management: the actuarial control cycle. Institute of Actuaries of Australia, Sydney: Southwood Press.

Brown R L, Prus S G. 2004. Social Transfers and Income Inequality in Old Age: A Multinational Perspective. North American Actuarial Journal 8: 30~36.

Bullis C, et al. 2003. Understanding Actuarial Management: The Actuarial Control Cycle , Institute Of Actuaries Of Australia.

Christopher D. Daykin. 2003. The Role of the Actuary in the Context of Reformed Pension Schemes, International Social Security Association, Seminar on Financial and Actuarial Bases of Pension Schemes.

Czech Social Security Administration. 2004. *Actuarial Report on Social Insurance*, Ministry of Labour and Social Affairs.

Goford J. 1985. The Control Cycle: financial control of a life assurance company, Journal of The Institute of Actuaries, Students' Society Volume 28, Alden Press Ltd, OSNEY MEAD OXFORD.

Goss S C. 1999. Measuring Solvency in the Social Security System, in Prospects for Social Security Reform, ed. Olivia S. Mitchell, Robert J. Myers, and Howard Young, Philadelphia: University of Pennsylvania Press, 16~36.

Holzmann R, et al. 2004. Implicit Pension Debt: Issues, Measurement and Scope in International Perspective, Social Protection Discussion Paper Series. The World Bank. Washington D.C.

Holzmann R, et al. 2005. Old-Age Income Support in the 21st Century, an International Perspective on Pension Systems and Reform, The World Bank.

IAA. 2003. Final IAA Guidelines of Actuarial Practice for Social Security Programs.

International Actuarial Association. 2006. Comments on the "Old-Age Income Support in the 21st

Century report released by the World Bank in February 2005.
International Labour Office. 1998. Internal Guidelines for The Actuarial Analysis of A National Social Security Pension Scheme, The International Financial and Actuarial Service, Geneva, May 1998.
Jewell W S. 1980. "Generalized Models of the Insurance Business"Transactionals of the 21th Internatinal congress of Actuaries, S: 87~141.
Léger F. 2007. Demographic and economic assumptions used in actuarial valuations of social security and pension schemes, ILO International Social Security Association Fifteenth International Conference of Social Security Actuaries and Statisticians, Helsinki, Finland, 23~25 May 2007.
Marshall Islands Social Security Administration. 2004. Quadrennial Report Fiscal Years 2000-2003, February 2, 2004.
Plamondon P, et al. 2002. Actuarial Practice in Social Security, International labour office.
Sakamoto J. 2007. The Role of the Actuary in the Process of Unifying the Social Security Pension Schemes in Japan, IAA/PBSS and the ISSA conference paper.
Technical Panel on Assumptions And Methods. 2003. Report To The Social Security Advisory Board, Washington, D.C., October 2003.
US Department of Health and Human Services. 2001. Medicare and Medicaid Statistical Supplement, 1995~2000, Health Care Financing Review. Baltimore, Health Care.
US Actuarial Standards Board. 1998. Actuarial Standard of Practice No. 32.
US Congressional Budget Office. 2005. Quantifying Uncertainty in the Analysis of Long-term Social Security Projections.
US Government Printing Office. 2007. the 2007 Annual Report of the Board of Trustees of the Federal Old-Age and Survivors Insurance and Disability Insurance Trust Funds.
US Social Security Administration, Office of the Chief Actuary. 2004. A Stochastic Model of the Long-Range Financial Status of the OASDI Program. Actuarial Study No.117, 2004.

附录1　国际劳工组织对社会养老保险精算报告的指导性意见

精算评估是对现有制度未来财务状况的测算分析或者对一个新制度方案未来财务状况的测算分析，指出改革可能对制度产生的财务影响.

(一) 精算评估目标

精算评估是一种财务管理和财务计划工具. 从计划建立起就需要进行精算评估，以后每隔3~5年进行一次，中心任务是协助政府和社会保障计划的管理部门确保其社会保障计划的财务稳健发展.

对于养老保险，精算评估应当做到：

(1) 测算养老保险当前财务状况和未来可能的财务发展状况.

(2) 评估当前缴费的支付能力.

(3) 发现可能导致财务收支缺口的原因.

(4) 建议政府对养老保险待遇或缴费进行调整，以维持计划的长期财务收支平衡.

(5) 评估养老保险待遇的充足性.

(二) 精算报告的基本内容

表述精算评估结果最简单的方法就是用精算报告的方式列出评估的核心内容. 一个标准的精算报告应当包含下面5个方面的基本内容：

1) 概述

2) 经济、人口、治理结构

3) 当前状况分析

　(1) 法律法规规定;

　(2) 财务收支状况;

　(3) 待遇水平.

4) 精算预测

　(1) 方法;

　(2) 数据与假设;

　(3) 预测结果;

　(4) 对预测结果的敏感性分析;

(5) 改革方案和法规条款变动评估.

5) 结论和建议

具体地, 各部分的内容如下.

1. 概述

在概述部分主要介绍依据精算评估的目的得出的主要结论和政策建议. 大多数国家的决策者只阅读这一部分, 因此, 这部分内容应当简明扼要、通俗易懂.

2. 经济、人口和治理结构

描述社会保障计划的运行背景,包括:

(1) 当前的宏观经济状况, 如与评估计划相关的通货膨胀、失业以及未来预期的经济发展.

(2) 相关经济和金融机构的状况, 如政府财务状况、税收征收机制的效率、资本市场的表现、商业银行和投资基金等.

(3) 人口的发展趋势, 包括人口出生、迁移、死亡、预期寿命以及劳动力变动.

(4) 社会保障发展趋势以及社会政策的可能发展趋势.

(5) 社会保障制度的治理结构.

精算报告正文简要说明上述情况及精算评估的主要结果, 详细内容以附件方式列出.

3. 当前状况分析

1) 法律规定

描述与评估方案相关的法律法规的具体规定, 包括计划的覆盖面、缴费和筹资等.

2) 当前财务收支状况和待遇水平分析

财务收支状况包括对社会保险方案过去财务收支状况的回顾, 当前年度的财务收支状况, 投资收益状况, 从上一次精算评估到本次评估之间的财务发展状况.

对待遇水平的分析应该包括以下基本指标:

(1) 社会保险覆盖率;

(2) 缴费工资比率;

(3) 人口抚养比;

(4) 替代率.

4. 精算预测

1) 方法

用通俗的语言简要介绍用于精算预测的方法, 相关的技术细节可以放在附件中.

2) 数据和假设

概要介绍统计数据的内容、质量、来源，以及预测所采用的人口和经济假设. 详细的统计数据可以放在附件中. 要求所使用的原始统计数据具备较高的质量和可信性，当缺失的统计数据需要用估计或假设数据代替时要特别说明.

对于精算预测所需的人口和经济假设应明确阐述，这些假设包括与未来人口发展、未来经济发展以及与制度相关的因素,如制度覆盖率、缴费率、替代率等.

所需的数据结构如下：

(1) 人口、劳动力数据及其未来变动假设;

(2) 经济数据和假设.

(3) 管理数据和假设.

(4) 与方案相关的数据.

(5) 统计数据和假设清单.

(i) 人口数据：人口数、死亡率、生育率，迁移率，家庭人口结构;

(ii) 就业和劳动力;

(iii) 经济和政府开支：国内生产总值(GDP)、消费者物价指数(CPI)、通胀指数、利率、工资;

(iv) 社会保险：账户、交费者和缴费率，支出构成.

3) 预测结果

预测结果是精算报告的核心内容，一般包括下面所列的 11 个指标：

(1) 未来各年的计划参加人、受益人及其相对比例;

(2) 未来各年以不变价格表示的缴费工资、待遇支出;

(3) 未来各年的平均缴费工资、平均待遇以及平均替代率;

(4) 预计的现收现付成本率;

(5) 总支出及各类支出占 GDP 的比率;

(6) 预测期的综合平均缴费率;

(7) 各年的负债水平;

(8) 各年负债占年度待遇支出的比例;

(9) 满足一定融资目标的各年的缴费率;

(10) 基金率，用于反映准备金的支付能力;

(11) 需要政府补贴的数额和补贴额占总支出或总缴费工资的比例.

4) 对预测结果的敏感性分析

预测结果是一定精算假设下的结果，精算假设是根据对未来人口、经济可能变动的判断而预先设定的，它可能与未来的实际变动存在差距，从而应该分析精算假设变动对预测结果的影响，这种分析就是敏感性分析. 敏感性分析的主要目的是反映不同变量对社保方案财务状况影响的相对重要性. 最关键的变量, 在许多情况下也是最不确定的变量是经济增长和管理机制. 在敏感性分析中, 可以通过选择不同的经济增长路径, 用更乐观或更悲观的参数测算对结果的影响.

5) 改革方案和法规条款变动评估

相关法律法规和改革方案的变动将影响精算评估中对相关参数的设定, 通常需要对社保管理和相关行为方面的参数假设进行修正,如退休模式应该与劳动力变动、经济发展相关, 对模型假设的调整应当有详细的解释.

5. 结论和建议

依据评估结果, 提出保持制度财务收支平衡的建议. 重点应放在对推荐的方案正反两方面的解释和讨论上. 本部分还应包括对定量结果可靠性和数据质量的评价, 提示读者有必要采取进一步的措施. 例如, 提高统计数据的质量, 对会计框架的必要修正, 或改善投资管理等.

对评估结果进行分析的基础上, 精算师应该提出满足待遇水平或者制度财务平衡的建议. 包括:

(1) 对计划基金积累能否抵偿已有负债和未来负债作出评价, 并提出相关建议;

(2) 对计划融资目标水平作出评价, 并提出相关建议;

(3) 根据相关的融资方法, 设置缴费和准备金积累计划;

(4) 在计划基金收支出现缺口时, 提出解决的方案, 如通过降低待遇、提高缴费、改变不同群体间的再分配程度、降低老龄化的影响、改变投资政策以增加利息收入以及降低管理费用等.

附录 2　国际精算师协会推荐的社会保险精算报告格式与内容

1. 概要

(1) 报告目的;
(2) 评估项目描述;
(3) 精算假设;
(4) 主要评估结果;
(5) 主要结论.

2. 导言

(1) 报告呈报对象;
(2) 评估项目说明;
(3) 报告目的, 并说明预测取决于基础数据、方法和假设;
(4) 预测的开始和结束日期;
(5) 过去已有的相关报告;
(6) 预计下一次报告的时间.

3. 对社会保障计划相关规定的说明

社会保障计划的精算评估结果取决于计划的各项规定. 书面报告应该包括对计划规定的说明, 如覆盖范围、筹资、待遇等.

4. 数据

为了进行严谨的分析, 精算师应依据与精算工作相关的可靠和完整的数据, 如

(1) 社会保障计划和国家的人口数据;
(2) 社会保障计划和国家的经济数据, 如缴费、待遇、投资收入和资产等;
(3) 计划的缴费人数和受益人数.

精算师依据基础数据进行评估, 因此, 应判断为评估而获得的数据信息是否与从其他渠道获得的相关信息一致.

精算师应该说明用于人口和未来财务收支预测的相关数据, 并评价数据的充足性和可靠性. 如果认为某些基础数据有缺陷, 应该在报告中说明由此可能导致

的对预测结果的影响.

报告也应该说明预测的起点、与精算假设相关的过去经验、预测方法的合理性等.

5. 假设

一般而言，对社会保障计划进行财务收支预测所采用的精算假设应该遵守以下原则：

(1) 应采用现实假设而不是保守假设或自由假设. 在现实假设下的预测结果才会反映现实的结果.

(2) 假设应尽可能明确，而不是含混不清的.

(3) 应注意各项假设间的相互关联，保持各项假设的内在一致性，并考虑与未来发展趋势的一致性.

精算师应在报告中说明预测所采用的假设设置的理由.

为社会保障计划所准备的精算报告通常关注未来长期的情况，因此假设应该反映长期的趋势. 有时，对未来几年的预测也应该考虑短期趋势.

由于精算假设涉及人口、经济、社会保障计划的未来变动趋势，精算师有时需要向其他相关专业人员咨询以确定合理的假设.

在系列报告中，如果某一报告采用的假设有所变动时，精算师应在报告中说明假设的变动对预测结果产生的影响.

6. 方法

说明精算评估所采用的方法.

7. 结果

精算报告应该包括与报告目的相关的所有的人口和财务预测结果. 报告应该与社会保障的运作模式和融资模式保持一致，特别是与相关的法律法规保持一致.

报告一般应包括以下内容：

1) 数据、方法和假设部分

(1) 按年龄、性别和总人数分类的人口状况；

(2) 抚养比；

(3) 分年龄性别的工资收入；

(4) 分年龄性别的缴费工资收入；

(5) 分年龄性别的养老金收入；

(6) 按不同经济类型分组的覆盖人口工资.

2) 现金流量财务预测部分

(1) 缴费率；

(2) 现收现付缴费率;

(3) 缴费额;

(4) 投资收入;

(5) 其他收入;

(6) 总收入;

(7) 待遇支付;

(8) 管理费;

(9) 总支出;

(10) 资产.

在结果中应该明确说明所包括的支出项目, 在缴费是否合理的报告中也应该考虑各项支出项目.

无论采取怎样的筹资模式, 报告结果都应该包括按年度或其他时间段的计划收入、支出、资产等项目, 以及计划过去的经验和预期的情况等. 应该按实际价值表述结果, 必要时也可以按账面价值表述, 或者以其他适当的方式说明通货膨胀的影响效果. 考虑到待遇设计的复杂性, 报告中也应该包括对不同性别年龄受益人群待遇水平的描述.

8. 预测结果的分析

除了前面提到的报告内容, 在报告中还应该对某些结果进行深入的分析:

(1) 关键性假设对结果影响的敏感性分析, 说明各假设变动对结果产生的影响;

(2) 报告应该与前面的报告相一致并对有关结果的重大变化予以说明;

(3) 说明逐年预测结果的变动趋势, 如人口老龄化、计划的成熟度、计划筹资或待遇支付等的变动趋势, 以及这些变动趋势产生的影响;

(4) 预测期开始后发生的事件对预测产生的影响.

9. 结论

除上述内容外, 精算师还可以在报告中表述其他的相关内容, 但需要注意精算报告的主旨一般限于陈述精算师对成本的预测和对现行计划未来财务状况的建议.

保证报告的读者完全理解有关社会保障计划未来财务状况是很重要的. 在这一点上, 报告应该说明通货膨胀对计划津贴实际价值的影响.

10. 证实

在报告中, 精算师应提供以下几个方面的意见:

(1) 充足可靠的数据;

(2) 假设的合理性;

(3) 方法的合理性及其与精算原则的一致性;

(4) 报告是否遵循或背离当地精算准则、国际精算协会的精算准则等.

按照评估计划书及相应法律法规对精算报告的规定, 精算师应该对社会保障计划的财务可靠性或精算平衡状况以及缴费是否合理或未来必要的缴费水平给予说明.

报告还应该提出评估结果是基于对未来不确定事件及其结果的假设, 最终的事实很可能与预测的结果大不相同.

附录 3　人口生命表附表 1~附表 3[①]

附表 1　修正后中国简易生命表(女性)(2000)

年龄组	l_x	${}_nq_x$	${}_nd_x$	${}_nL_x$	T_x	e_x
0	100000	0.03124	3124	97325	7349671	73.497
1~4	96876	0.00594	575	386050	7252346	74.862
5~9	96301	0.00220	212	480973	6866296	71.301
10~14	96089	0.00165	159	480047	6385323	66.452
15~19	95930	0.00243	233	479104	5905276	61.558
20~24	95697	0.00349	334	477689	5426171	56.702
25~29	95363	0.00425	405	475830	4948483	51.891
30~34	94958	0.00492	467	473654	4472652	47.101
35~39	94491	0.00603	570	471089	3998998	42.322
40~44	93921	0.00826	776	467796	3527910	37.563
45~49	93145	0.01378	1284	462769	3060114	32.853
50~54	91861	0.02169	1992	454692	2597345	28.275
55~59	89869	0.03446	3097	442185	2142653	23.842
60~64	86772	0.05640	4894	422634	1700468	19.597
65~69	81878	0.10077	8251	390424	1277834	15.607
70~74	73627	0.17270	12715	338383	887411	12.053
75~79	60912	0.28620	17433	262722	549027	9.013
80~	43479	1.00000	43479	286305	286305	6.585

附表 2　修正后中国简易生命表(男性)(2000)

年龄组	l_x	${}_nq_x$	${}_nd_x$	${}_nL_x$	T_x	e_x
0	100000	0.03099	3099	97309	6999448	69.994
1~4	96901	0.00595	577	386197	6902139	71.229
5~9	96324	0.00314	302	480866	6515942	67.646
10~14	96022	0.00264	253	479476	6035076	62.851
15~19	95768	0.00497	476	477747	5555600	58.011
20~24	95293	0.00693	660	474860	5077853	53.287
25~29	94632	0.00714	676	471498	4602993	48.641
30~34	93956	0.00849	798	467850	4131495	43.972

① 附表 1~3 的数据来源于游允中，郑晓瑛主编.《中国人口的死亡和健康》. 北京：北京大学出版社, 2005, 187, 188, 195, 196.

续表

年龄组	l_x	$_nq_x$	$_nd_x$	$_nL_x$	T_x	e_x
35~39	93159	0.01051	979	463449	3663645	39.327
40~44	92180	0.01429	1317	457792	3200197	34.717
45~49	90862	0.02122	1928	449818	2742405	30.182
50~54	88934	0.03332	2963	437804	2292587	25.778
55~59	85971	0.05368	4615	419159	1854783	21.575
60~64	81356	0.08699	7077	390296	1435623	17.646
65~69	74279	0.13989	10391	346936	1045328	14.073
70~74	63888	0.22058	14092	285668	698392	10.931
75~79	49796	0.33634	16748	207750	412724	8.288
80~	33047	1.00000	33047	204974	204974	6.202

附表 3　全国市镇从业人口生命表（男女混合）（1989 ~1990 年）

x	l_x	q_x	d_x	L_x	T_z	e_x
15	1000000	0.002679	2679	998660	55290221	55.290
16	997321	0.002187	2181	996230	54291561	54.437
17	995140	0.001959	1949	994165	53295331	53.556
18	993191	0.001938	1925	992228	52301165	52.660
19	991266	0.001843	1827	990353	51308937	51.761
20	989439	0.001753	1735	988572	50318584	50.856
21	987705	0.001837	1815	986797	49330012	49.944
22	985890	0.001743	1719	985031	48343214	49.035
23	984172	0.001844	1815	983264	47358184	48.120
24	982357	0.001789	1757	981478	46374920	47.208
25	980599	0.001599	1568	979816	45393442	46.292
26	979032	0.001541	1509	978277	44413626	45.365
27	977523	0.001562	1527	976760	43435348	44.434
28	975996	0.001461	1426	975283	42458589	43.503
29	974570	0.008030	7825	970657	41483306	42.566
30	966745	0.001661	1606	965942	40512648	41.906
31	965139	0.001795	1733	964272	39546707	40.975
32	963406	0.001877	1808	962502	38582435	40.048
33	961598	0.001865	1794	960701	37619933	39.122
34	959804	0.001966	1887	958861	36659232	38.194
35	957918	0.002190	2098	956869	35700371	37.269
36	955820	0.002206	2109	954765	34743502	36.349
37	953711	0.002448	2335	952544	33788737	35.429

续表

x	l_x	q_x	d_x	L_x	T_z	e_x
38	951376	0.002461	2341	950206	32836193	34.514
39	949035	0.002739	2600	947735	31885988	33.598
40	946435	0.003078	2914	944979	30938253	32.689
41	943522	0.003266	3082	941981	29993274	31.789
42	940440	0.003546	3335	938773	29051293	30.891
43	937105	0.003722	3488	935361	28112520	29.999
44	933617	0.004276	3992	931621	27177159	29.110
45	929625	0.004721	4389	927431	26245538	28.232
46	925236	0.004967	4596	922938	25318107	27.364
47	920640	0.005582	5139	918071	24395169	26.498
48	915501	0.006101	5586	912708	23477098	25.644
49	909916	0.007010	6378	906726	22564390	24.798
50	903537	0.005364	4846	901114	21657664	23.970
51	898691	0.004828	4339	896522	20756549	23.096
52	894352	0.005006	4477	892113	19860028	22.206
53	889875	0.005803	5164	887293	18967914	21.315
54	884711	0.006476	5729	881846	18080622	20.437
55	878981	0.007300	6416	875773	17198776	19.567
56	872565	0.008255	7203	868963	16323002	18.707
57	865362	0.008962	7755	861484	15454039	17.858
58	857606	0.010387	8908	853152	14592555	17.015
59	848698	0.013021	11051	843173	13739403	16.189
60	837647	0.014173	11872	831711	12896230	15.396
61	825775	0.016589	13699	818926	12064519	14.610
62	812077	0.018930	15373	804390	11245593	13.848
63	796704	0.021170	16866	788271	10441202	13.105
64	779838	0.025225	19671	770002	9652931	12.378
65	760167	0.027267	20728	749803	8882929	11.686
66	739439	0.030635	22653	728112	8133126	10.999
67	716786	0.034629	24821	704375	7405014	10.331
68	691964	0.039509	27339	678295	6700639	9.684
69	664626	0.046928	31190	649031	6022344	9.061
70	633436	0.054485	34513	616179	5373314	8.483
71	598923	0.060517	36245	580801	4757134	7.943
72	562678	0.068757	38688	543334	4176334	7.422
73	523990	0.075124	39364	504308	3632999	6.933

续表

x	l_x	q_x	d_x	L_x	T_z	e_x
74	484626	0.084768	41 081	464086	3 128691	6.456
75	443545	0.096761	42 918	422086	2 664605	6.008
76	400627	0.102353	41 006	380125	2 242519	5.598
77	359622	0.115765	41 631	338806	1 862394	5.179
78	317990	0.132968	42 282	296849	1 523588	4.791
79	275708	0.148119	40 838	255289	1 226739	4.449
80	234870	0.166071	39 005	215368	971450	4.136
81	195865	0.176572	34 584	178573	756082	3.860
82	161281	0.190182	30 673	145945	577509	3.581
83	130608	0.217008	28 343	116437	431565	3.304
84	102265	0.224988	23 008	90761	315128	3.081
85	79257	0.234010	18 547	69983	224367	2.831
86	60710	0.250532	15 210	53105	154384	2.543
87	45500	0.249236	11 340	39830	101279	2.226
88	34160	0.280516	9 582	29369	61449	1.799
89	24577	0.194330	4 786	22184	32080	1.305
90	19791	1.000000	19 791	9 896	9 896	0.500

注：资料来源：劳动部信息中心编，《中国从业人口生命表》，中国统计出版社，1994.

后　　记

从 1996 年受霍英东教育基金会的资助开始研究养老金精算评估问题起，我的研究兴趣一直没有离开过养老金和社会保障的数据管理和精算管理问题. 随着我国养老金和社会保障制度改革的不断深化，精算管理作为风险管理的重要手段，逐步受到政府部门的重视. 2004 年，原劳动和社会保障部及财政部相继下设了专门的社会保障精算处，开展相关的精算制度建设和收支测算工作. 但到目前为止，社会保障精算管理在实践中还没有发挥其应有的作用，在理论上也缺乏系统深入的研究.

基于多年的研究兴趣，并利用出国交流的机会，我与美国社会保障署精算部、英国政府精算署、日本厚生劳工部精算署、国际精算师协会、国际劳工组织等建立了联系，收集了相关的国际经验，阅读了大量的研究文献，同时先后主持完成了国家社科院、教育部、财政部、地方政府委托等相关课题的研究，积累了一定的实践经验. 2005 年起，受教育部重点项目“中国社会保险制度统计、精算与监控系统研究”的资助，同时作为教育部 21 世纪优秀人才支持计划入选者，我们开始对社会保障精算管理问题进行了比较系统的研究，终于完成了本书稿.

在本书的写作过程中，统计学院的硕士生陈檀、曾倩萍、康博威、刘梦泽等同学帮助收集和整理了相关资料，在此，对他们的工作表示衷心感谢，同时，感谢为书稿写作提供资料和帮助的国际组织，感谢教育部哲学社会科学研究重大项目的支持，感谢科学出版社的编辑为本书出版付出的辛苦，感谢科学出版社对本书出版的大力支持.

王晓军

2010 年 9 月